DOCUMENTS INÉDITS

SUR LA

RÉVOLUTION FRANÇAISE

Tiré à 200 exemplaires.

—

Exemplaire N°

DOCUMENTS INÉDITS
SUR L'HISTOIRE
DE LA
RÉVOLUTION FRANÇAISE

CORRESPONDANCES

DE

PARIS, VIENNE, BERLIN, VARSOVIE,
CONSTANTINOPLE

PUBLIÉES PAR

Jules LAIR et Émile LEGRAND

PARIS
LIBRAIRIE MAISONNEUVE
15, QUAI VOLTAIRE

1872

LETTRES

DE

CONSTANTIN STAMATY

A PANAGIOTIS KODRIKAS

SUR LA RÉVOLUTION FRANÇAISE

— JANVIER 1793 —

Publiées pour la première fois d'après les manuscrits originaux

PAR

ÉMILE LEGRAND

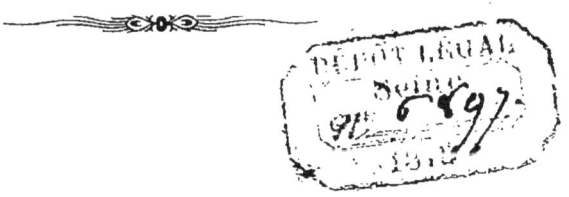

PARIS
LIBRAIRIE MAISONNEUVE
15, QUAI VOLTAIRE

1872

PRÉFACE

Les lettres que je publie ici pour la première fois font partie d'une collection considérable de documents du même genre qui se trouvent entre mes mains. Avant de donner quelques détails biographiques sur l'auteur, je dois d'abord dire comment ses lettres sont venues à ma connaissance. Offertes à M. le général Trochu, pendant la campagne de Crimée, par un interprète polonais qu'il avait pris à son service, elles restèrent jusqu'en septembre 1871 dans la bibliothèque de l'ancien gouverneur de Paris. Celui-ci les remit alors à M. Jules Lair, ancien élève de l'École des Chartes, qui me les a communiquées. Ces lettres ont été écrites par Constantin Stamaty à Panagiotis Kodrikas, secrétaire particulier du prince Michel Constantin Soutzo, hospodar de Moldavie. Il ne peut y avoir le moindre doute sur l'authenticité de cette correspondance; la plupart des lettres qui la composent sont revêtues des cachets de la poste et des sceaux de cire rouge de Stamaty. Une particularité à noter, c'est que l'adresse de Kodrikas a été soigneusement grattée partout où elle se trouvait, et ce n'est que par les lettres elles-mêmes que nous savons à qui elles étaient expédiées. Dans le corps de certaines lettres, il y a des mots, quelquefois des lignes entières, biffés à l'encre, probablement par le destinataire. L'écriture est mauvaise et extrêmement fine, ce qui constitue une énorme difficulté pour quiconque veut aborder la lecture de ces documents.

Commencée en 1788, cette correspondance a duré jusqu'à la fin de l'année 1794, mais elle ne devient bien régulière qu'à partir de 1792.

La première lettre de Stamaty à Kodrikas porte la date du 25 novembre 1788. Il y avait déjà quatorze mois qu'il était arrivé à Paris, où il venait pour étudier la médecine. Quand il parle de la France, c'est à peine s'il peut contenir son enthousiasme. « Quel pays, s'écrie-t-il, et quelle ville que Paris ! Chaque jour j'y découvre de nouvelles sources d'études. Ici, l'homme vraiment instruit vit pour ainsi dire dix vies. Ici, il ressent tous les plaisirs que peuvent procurer les sciences et les arts portés à leur plus haut degré de perfection.

« Je vis avec une simplicité toute patriarcale, mes vêtements ne sont pas luxueux, ma demeure est des plus humbles; cependant je suis content, et l'anatomie, cette science qui étonne l'imagination, blesse la sensibilité et trouble le cœur, est devenue pour moi un sujet de distraction et de plaisir. Je dissèque un cadavre avec autant d'insouciance que je taille une plume. Quand je sors de l'amphithéâtre, c'est pour aller prendre mes repas dans une *auberge* (le mot est en français dans l'original). Là, je parle politique et philosophie; ensuite je vais au café, je demande la gazette (τὴν γαζέταν), je la parcours avec curiosité; j'y cherche votre ville, et c'est avec une tristesse mêlée de désespoir que je ne trouve pas un mot sur un pays qui m'est si cher. Chaque jour je fais un tour de promenade, et je ne rentre presque jamais chez moi sans avoir vu quelque chose de nouveau. Je consigne alors par écrit toutes les particularités de ma journée, en y ajoutant les remarques nécessaires, et je reprends mon étude. Ne t'imagine pas toutefois que je me sois fait de cette monotonie une règle de conduite. J'ai des jours fixes où je dîne dans de grandes maisons (εἰς ἀρχοντικὰ μεγάλα). C'est là que je vois les plus savants académiciens et les plus illustres personnages du royaume, avec lesquels je suis très-lié. Tout le monde me fait bon accueil et s'empresse de me rendre toutes sortes de services. La cause de cette franche et cordiale hospitalité, il faut l'attribuer surtout au caractère des Français (ceux d'ici ne ressemblent nullement à ceux de Constantinople), et aussi à la protection que veut bien m'accorder une grande dame (μία ἀρχόντισσα μεγάλη), amie de la littérature et de la Grèce. La bienveillance de cette vénérable femme m'est extrêmement utile, car elle attire sur moi l'attention et me procure l'amitié des professeurs ainsi que des autres savants qui peuvent m'être d'un grand secours en maintes circonstances. Voilà, cher ami, où se trouve la vertu! Pourrais-tu me montrer dans ton pieux Phanar une personne qui traitât aussi noblement un étranger malheureux, n'ayant ni la même religion ni les mêmes mœurs? Trouverait-on asile et protection auprès des grands et des prêtres? S'il arrive ici un étranger, fût-il Chinois, pourvu qu'il vive honorablement et qu'il se conduise avec sagesse, il est sûr qu'on ne l'abandonnera pas et qu'on lui viendra en aide.

« Les savants français ont pour la Grèce la plus grande vénération, et ils professent un tel culte pour notre incomparable langue, que, lorsqu'il m'arrive parfois de me trouver dans une société où l'on sait que je suis Hellène et d'Argos (c'est la patrie que je me donne, car on méprise les Constantinopolitains), tous me félicitent, m'interrogent, m'admirent comme une antiquaille, comme un vénérable souvenir des temps passés. Je suis sûr que si tu venais par hasard à Paris, toi qui es un vrai Athénien, avec la science et l'esprit naturel que tu possèdes, tu occuperais bien vite la première place, et tu reléguerais au dernier rang ton ami l'Argien. »

Dans cette lettre Stamaty adresse à Kodrikas des plaintes que nous retrouvons exprimées à peu près dans les mêmes termes dans presque toutes ses autres missives. C'est au sujet de l'abandon où le laisse son père, et de la négligence incroyable qu'il met à lui envoyer de l'argent pour vivre et pour continuer ses études.

« Le silence de mon père chéri me plonge dans le désespoir, écrit-il. Voilà sept mois que je n'ai reçu de lettre de lui. Et quelle est la cause de son silence? Il est arrivé tant de catastrophes à Constantinople depuis quelque temps que je ne puis goûter un seul instant de tranquillité. Va donc trouver mon père, cher ami; plaide énergiquement ma cause, aie même recours, s'il le faut, à l'intervention du Prince qu'il craint et vénère. Peut-être pourra-t-on le décider à me donner plus fréquemment des nouvelles de sa santé. Depuis que je suis en France, je n'ai encore reçu que 550 piastres turques, et tu sais combien elles perdent au change ici à Paris. Avec cette modique somme, je végète depuis bientôt quatorze mois, et si avant peu je ne reçois pas d'argent je vais me trouver dans une bien misérable position. Représente-toi donc un peu ce qui va arriver ; mes études vont forcément se trouver interrompues, et mes progrès complétement paralysés. Fais ton possible pour que mon père augmente ma pension annuelle; pour mener à Paris une existence à peu près convenable, il ne me faudrait pas moins de 1500 livres, en monnaie du pays. La ladrerie de mon père à mon égard est déplacée et cruelle. »

Stamaty entretient ensuite Kodrikas du *magnétisme animal* (περὶ τοῦ κτηνώδους μαγνητισμοῦ), étude qui était alors fort à la mode. Nous croyons que Stamaty fréquentait bien peu les Grecs qui se trouvaient à Paris à cette époque;

Préface.

voici ce qu'il en dit : Οἱ ἐκεῖσε Ῥωμαῖοι εἶναι ἀχρειέστατοι, αἴτιον ὁποῦ μὲ ἐβίασε νὰ τοὺς ἀφήσω. — A cette compagnie il préférait beaucoup celle des anciens. Il conseille à Kodrikas de se livrer avec ardeur à l'étude de l'antiquité, de lire les poëtes et les prosateurs les plus distingués.

« Quant à moi, dit-il, depuis que je suis à Paris j'ai compris tout le profit que l'on peut retirer de ces livres, car je n'ai pas tardé à m'apercevoir que les plus savants n'ont pas d'autre lecture que celle des œuvres de nos ancêtres. Donc, cher ami, si tu te proposes de passer à l'étranger, je ne saurais trop te recommander de lire assidûment Homère, toutes les tragédies d'Eschyle, de Sophocle et d'Euripide, Anacréon, Sappho, Moschus, Bion, et tous les poëtes que tu pourras te procurer. Parmi les prosateurs, lis de préférence Hérodote, Thucydide, Xénophon, Plutarque, etc.; lis tous ces écrivains de manière à pouvoir en donner à l'occasion une analyse exacte et spirituelle; ainsi préparé, tu ne pourras manquer de te concilier la juste estime de tous les savants Européens.

« Pour le moment, je n'étudie que les bons auteurs latins, dont j'apprends la langue; elle est absolument nécessaire à un médecin et à quiconque veut vraiment mériter le nom de savant. Tous me demandent si je sais le latin, tous me forcent à l'apprendre; voilà pourquoi je m'occupe tout spécialement de cette étude. »

Il serait à souhaiter que les Grecs d'aujourd'hui imitassent l'exemple de Stamaty; en général, ils négligent trop le latin, et il est assez rare de trouver parmi eux des savants qui le sachent convenablement.

A l'époque où cette lettre fut écrite, Stamaty donnait ainsi son adresse à Kodrikas :

« *A M. Constantin Stamaty, à Paris, rue Dauphine, vis-*
« *à-vis de la rue d'Anjou ; hôtel aux armes de l'Empire.* »

Nous venons de voir que Stamaty évitait autant que possible de se trouver en compagnie de ses compatriotes. Cependant il en est deux avec lesquels il semble avoir été lié assez étroitement. Nous voulons parler de Dimos Stéphanopoli, que l'on ne connaissait alors que sous le nom de *Barba-Dimo*, et de Daniel Philippidès.

Dans une de ses lettres de l'année 1790 (23 novembre), nous trouvons ce passage : « Le ci-devant père Daniel (il était diacre), maintenant Monsieur Philippidès, que la divine providence a envoyé dans ce lieu de perdition pour le salut de mon âme, et pour me délivrer des embûches du diable, te prie de dire de sa part à Katardji, le Mécène des savants de la Valachie et notre très-vénéré patriarche, que, grâce à Dieu, il se porte bien et remercie le Tout-Puissant de l'avoir jugé digne de vivre dans la terre promise des philosophes, quoique, pour le moment, elle soit souillée par une philosophie maudite, ἣ μυρί' Ἀχαιοῖς ἄλγε' ἔθηκε. »

Philippidès rêvait déjà l'affranchissement et la régénération de sa patrie, et il est venu à Paris tout exprès pour étudier à son aise le caractère et le développement de la révolution française, qui faisait dès lors l'étonnement du monde entier. J'ai découvert, il y a quelques mois, la correspondance inédite de Philippidès avec Barbié du Bocage, le géographe, et j'ai remarqué que, dans presque toutes ses lettres, il demande des nouvelles de son ami Stamaty.

Je ne sais si Stamaty fut aussi étroitement lié avec Dimos Stéphanopoli, toujours est-il qu'ils partageaient sur les événements du temps les mêmes idées et les mêmes espérances. C'est ce Dimos qui fut chargé, quelques années plus tard, par Bonaparte, d'une mission secrète en Grèce, pour examiner soigneusement la disposition des esprits, en vue d'un soulèvement.

Il ne faut pas croire pourtant qu'au sein de sa patrie

adoptive Stamaty ait oublié son pays natal, ce petit coin de terre où, comme il le dit lui-même avec Homère, il a vu pour la première fois la *douce lumière du soleil*. Il est constamment resté le Grec pour lequel la terre étrangère n'a d'autre nom que τὰ ἔρημα τὰ ξένα. Le spectacle de la France « qui brise ses fers et respire à pleins poumons l'air vivifiant et pur de la liberté » lui rappelle d'une façon frappante que la Grèce est esclave; et c'est le cœur « gonflé de patriotiques aspirations » qu'il écrit à Kodrikas (3 mars 1792) : « Tes nobles et affectueux sentiments rappellent mille fois mieux à mon âme la Grèce, notre infortunée patrie, que tous les monuments de la gloire de nos ancêtres, devant lesquels les modernes se confondent en admiration. Non, la patrie des Muses n'a pas encore disparu du théâtre du monde si ses habitants savent montrer du courage et avoir en horreur tout ce qui contribue à l'asservissement moral de l'esprit. Plaise à Dieu que ces idées, que, seul peut-être, tu pourrais inculquer à nos compatriotes avec éloquence et persuasion, portent leurs fruits le jour où notre pauvre nation sortira de sa léthargie ! »

Les lettres de Stamaty à Kodrikas ne sont pas toutes datées de Paris. Au mois de septembre 1793, il quitte notre capitale pour se rendre à Hambourg. En route, il n'oublie pas sa correspondance, car je trouve une lettre datée de Rouen et une autre du Havre-de-Grâce (30 septembre).

Sa première lettre de Hambourg, où il est arrivé après une heureuse traversée de douze jours, est du 15 octobre. Voici sa nouvelle adresse :

« *Al signor Stamaty, negociante Greco, a Hambourg,*
« *Reichenstrasse, n° 6 ; hôtel d'Angleterre.* »

Cette adresse, ainsi que plusieurs passages de ses lettres qu'il me serait facile de citer, prouvent surabondamment que Stamaty avait, dès l'année 1790, tout à fait terminé ou indéfiniment ajourné ses études médicales, car à cette date il est complétement absorbé par la politique.

Le prince Michel Soutzo, à qui ces lettres étaient adressées, sous le couvert du nom de Kodrikas, son secrétaire intime, entretenait dans presque toutes les capitales de l'Europe des correspondants à gages, chargés de le tenir au courant de tout ce qui se passait d'intéressant en politique.

Le drogman polonais, dont il a été question plus haut, a remis également à M. le général Trochu une très-grande quantité de lettres de provenances diverses et toutes adressées à Kodrikas. A Vienne, il a un correspondant allemand qui lui écrit en mauvais français des lettres où les événements du temps sont appréciés avec sagesse. Un autre écrit de Berlin, et c'est de lui sans doute que Stamaty disait : « Il faut qu'il prenne garde à lui, car le roi de Prusse envoie dans la forteresse de Spandau quiconque, dans ses États, s'avise de penser. » Un troisième écrit de Varsovie, et sa correspondance n'est pas la moins curieuse; on y trouve, entre autres choses, des documents du plus haut intérêt sur le rôle joué par Kosciusko. Enfin, un quatrième correspondant lui écrit en italien de Constantinople. Ce dernier devait être un personnage assez marquant, car il avait accès auprès du Sultan lui-même. Il raconte à Kodrikas tout ce qui se passe au sérail, et les intrigues amoureuses des dames du harem impérial n'échappent même pas à sa perspicacité. Il n'épargne pas non plus les Phanariotes, et quelques-uns des plus influents sont traités par lui fort durement. Dans ces missives il est souvent question de ce que Stamaty appelle παρτικουλαριταῖς Φαναρώτικαις et κατηγοριαῖς Μαυροχορδάτικαις.

Ces différentes correspondances, bien qu'écrites des quatre coins de l'Europe et par des personnages inconnus l'un à l'autre, n'en sont pas moins très-intimement liées entre elles. On retrouve partout la Révolution et ses « immortels » principes. L'Allemand voit avec terreur « la tache d'huile s'élargir » et s'écrie, épouvanté, que tout ce qui l'entoure chancelle et menace ruine. Le Sultan, lui aussi, s'inquiète et ne peut comprendre la nature d'un gouvernement « qui se passe de monarque ».

Stamaty avait aussi ses correspondants à lui dans plusieurs grandes villes de l'Europe ; il parle à différentes reprises de lettres politiques qu'il reçoit de Londres, d'Anvers, d'Amsterdam, de la Haye, de Madrid, de Florence, de Copenhague, de Stockholm, etc. Il ne néglige rien pour se procurer des informations exactes et nombreuses ; chose rare pour l'époque, il est abonné à plusieurs journaux étrangers, entre autres au *Morning-Chronicle*.

Mais ce n'est pas tout, dans sa lettre du 3 janvier 1793, il dit expressément qu'il rédige une gazette et qu'il signe ses articles des initiales C. S. Et dans celle du 8 janvier de la même année, nous lisons ceci : « Tu vois, très-cher ami, combien les Français ont à cœur de rester les alliés de la Sublime-Porte, et de châtier nos ennemis communs. Les moyens ne leur manquent pas ; voilà pourquoi la Porte doit, sans retard, prendre une décision qui réponde à la magnanimité et à l'amitié de ses alliés. Quant à moi, je n'ai rien négligé jusqu'à ce jour pour entretenir ici, tant au sein de l'Assemblée nationale que parmi les ministres (*tu pourras en juger par un article que tu liras dans mon journal*), cet esprit d'amitié et d'alliance qui sera d'une grande utilité à la Porte, si toutefois elle sait le comprendre. »

Malgré les nombreuses recherches que j'ai faites, je n'ai pu, jusqu'à ce jour, découvrir le titre de la gazette que rédigeait Stamaty.

A l'histoire des terribles événements d'alors, Stamaty entremêle parfois le récit des tracasseries personnelles qu'il eut à subir de la part des révolutionnaires. C'est ainsi que, dans sa lettre du 5 septembre 1792, il raconte comme quoi on l'a enrôlé de force. « Bien que je sois étranger, écrit-il, on m'a contraint à marcher avec l'armée, sous prétexte qu'étant ici depuis cinq ans, je suis devenu Français suivant les lois du pays, et qu'il me faut exposer ma vie pour la liberté. A cela j'ai répondu, devant le peuple assemblé, que, dépendant de mon père qui n'est pas Français, je n'ai ni le pouvoir ni le droit de me donner une nouvelle patrie, et que les devoirs de la nature sont supérieurs aux conventions politiques. Quoique mes paroles aient produit leur effet, j'ai cependant promis d'équiper, selon mes moyens, avec un uniforme et un fusil que je possédais, quelque citoyen indigent. Fasse le ciel qu'on se contente de si peu ! Si j'eusse pu prévoir ces événements, je serais allé passer deux ou trois mois en Angleterre, mais, à l'heure qu'il est, un oiseau ne sortirait pas de Paris, et, Français et étrangers, nous voilà tous condamnés à subir notre dernier jugement. »

Les lettres grecques de Stamaty sont une histoire au jour le jour de notre grande révolution, écrite par un homme intelligent. Il n'y a chez lui ni préventions, ni parti pris; il juge parfois assez sainement, parfois entraîné par l'opinion du jour, les événements extraordinaires qui se déroulent sous ses yeux. Par exemple, les sanglantes orgies auxquelles se livrent les Montagnards sont flétries comme elles le méritent; la mort des Girondins et les massacres de Septembre font verser à Stamaty des larmes de douleur; en présence de tant de sang répandu, il se prend presque à désespérer de la République, et il est tenté de brûler son idole.

Au contraire, le supplice de Louis XVI, qu'il appelle dédaigneusement *Capet*, n'excite pas en lui le moindre sentiment de commisération. Il n'est nullement touché du trépas de cet « être inutile », de ce « monarque idiot ». Il avoue cependant qu'il n'y eût eu aucune espèce de danger pour la République à laisser vivant un roi dont le nom était désormais devenu synonyme d'impuissance et de faiblesse. La lettre où Stamaty raconte le supplice de Louis XVI, dont il avait été témoin oculaire (αὐτόπτης), n'est pas la moins intéressante de la collection.

« Je puis te certifier, écrit-il à Kodrikas, qu'il est mort avec le courage que la foi inspire à un homme qui se croit un martyr et un saint. Il a laissé une sorte de testament où il parle la langue du huitième siècle, c'est-à-dire celle de la superstition. Lorsqu'il est arrivé sur la guillotine (dont je t'envoie le dessin), il a fait une prière catholique et a demandé qu'on le laissât parler au peuple. Mais un roulement de tambours l'en a empêché. Quand sa tête est tombée dans le sac, l'armée tout entière, qui entourait l'échafaud, a poussé un cri immense et unanime de *Vive la Nation! Vive la République!* La joie des soldats était inexprimable. Pas un royaliste n'a essayé de venir sauver son maître. »

Il résulte de nombreux passages de cette volumineuse correspondance que Stamaty était fort lié avec les personnages officiels d'alors. Il n'est pas rare de rencontrer des phrases dans le genre de celle-ci : « Je suis allé ce matin chez le ministre des Affaires étrangères, et je lui ai demandé telle et telle chose. »

Parmi les lettres que je publie ci-après il en est une de laquelle il ressort on ne peut plus clairement que Stamaty servait d'intermédiaire aux ministres du Sultan, dans leurs affaires avec les ministres de la République française. Ainsi, c'est par son entremise que le Capitan-Pacha demande au ministre de la marine des charpentiers expérimentés pour construire des vaisseaux de guerre dans les ports de l'Empire ottoman. Stamaty intervient aussi dans un petit différend à régler entre le Sultan et le dey d'Alger, son vassal.

Enfin, dans plusieurs lettres, Stamaty informe Kodrikas qu'il continuera de lui écrire trois fois la semaine, pourvu que le ministre ne lui retire pas le traitement mensuel qu'il lui sert à cet effet ; sinon, il se verrait contraint de réduire le nombre de ses lettres, car les frais de poste finiraient par devenir trop onéreux.

Après un séjour de quelques mois à Hambourg, Stamaty alla habiter Altona, et c'est de cette ville qu'est datée sa dernière lettre à Kodrikas (27 décembre 1794).

Parmi les lettres de Stamaty il n'y en a que deux ou trois de signées. Tantôt il dit ἠξεύρεις τὸν γράψαντα, ou bien γινώσκεις τὴν χεῖρα ; tantôt, et le plus souvent, il se contente de tracer un simple paraphe. Voici le *fac-simile* de sa signature :

Constantin Stamaty est complétement inconnu en Grèce. Comme on a pu le remarquer dans les deux adresses que j'ai citées plus haut, il écrit son nom avec un *y* final, comme son contemporain Coray. Les Grecs avaient dès lors, ils conservent encore aujourd'hui cette orthographe vicieuse dans la transcription française de leurs noms. Un Grec, à qui je demandais il y a quelques jours la raison de cette bizarrerie, m'a affirmé que c'était pour éviter d'être confondus avec les Italiens que ses compatriotes avaient adopté cette orthographe.

Il existe aux archives du ministère des Affaires étrangères un dossier concernant Stamaty, mais il nous a malheureusement été impossible d'en prendre communication.

Voici cependant quelques détails de source officielle que nous devons à l'extrême obligeance de M. A. Ubicini.

Préface.

Notre savant confrère n'ayant eu connaissance de notre article concernant Stamaty, que lorsque l'impression de l'*Annuaire* de l'Association des Études grecques était déjà terminée, son intéressante communication ne pourra malheureusement figurer que dans notre tirage à part. Voici la lettre que M. Ubicini nous a adressée :

Paris, 22 mai 1872.

« Monsieur et cher confrère, la mission que Stamaty
« remplit à Hambourg, et plus tard à Altona, et qu'il de-
« vait à la protection du nouvel envoyé de la République
« française près la Sublime Porte (Descorches), était une
« mission secrète sans caractère officiel, bien que d'une
« certaine importance politique. Ainsi s'expliquent et la
« qualité de *negociante greco*, prise ostensiblement par
« Stamaty, quoiqu'il ne se fût jamais occupé de com-
« merce (1), et les tracasseries que lui suscita la police
« impériale allemande, et qui le déterminèrent à passer
« à Altona, ville danoise, au commencement de l'année
« 1794.

« Trois mois après la date de sa dernière lettre à Kodri-

---

(1) Il est hors de doute que, comme le dit M. Ubicini, Stamaty ne s'était jamais livré au commerce. Son titre de *négociant grec* n'était qu'une feinte qui, prise d'abord au sérieux en Allemagne, lui servit merveilleusement, pendant quelque temps, à dérouter la police locale. Les Anglais, plus clairvoyants, ne furent pas complétement dupes de cette supercherie; aussi le nom de Stamaty figurait-il sur une liste de marchands, soupçonnés, à tort ou à raison, d'entretenir des relations avec la France, liste dressée, paraît-il, par les soins et d'après les indications du gouvernement britannique. Voici, du reste, ce que nous lisons dans une lettre de Stamaty du 19 avril 1794 : « Les Anglais continuent d'inquiéter les navires qui vont en France ou qui en viennent; ils contraignent les matelots et le capitaine à jurer que la cargaison n'est pas destinée à la France, et que le bâtiment n'appartient pas à un nombre de négociants dont les noms sont inscrits dans un catalogue, *où je suis moi-même nommément désigné.* »

« kas, il fut nommé (28 mars 1795), par arrêté du Comité
« de Salut public chargé de la direction des Relations ex-
« térieures, agent secret près des hospodars de Valachie
« et de Moldavie, poste dont il avait lui-même proposé la
« création dans une note très-circonstanciée, adressée par
« lui au Comité, le 3 février 1795.

« Au lieu de se rendre directement à sa destination,
« ainsi qu'il le lui avait été enjoint, il vint à Paris, où il
« insista vainement pour faire changer le caractère de sa
« mission et y faire attacher un titre officiel, indispensa-
« ble, selon lui, pour en assurer le succès. On en référa à
« l'ambassadeur de la République à Constantinople, Ver-
« ninac, qui émit un avis défavorable.

« Stamaty demeura une année environ à Paris. Au mois
« de février 1796, il fut nommé, par le ministre Delacroix,
« consul général dans les provinces au-delà du Danube,
« et partit, peu de temps après, pour se rendre à son
« poste, *via* Constantinople. Mais la Porte lui refusa l'*exe-*
« *quatur*, attendu sa qualité d'ancien raïa, et, après de
« longues et pénibles négociations, qui épuisèrent le cré-
« dit et la patience de deux ambassadeurs (Verninac et
« Aubert Dubayet), il revint, de guerre lasse, à Paris, au
« mois de juillet 1797, et fut attaché au ministère des Re-
« lations extérieures, pour le compte duquel il publia,
« soit seul, soit en collaboration, plusieurs écrits politi-
« ques qui parurent sans nom d'auteur, ou sous un nom
« d'emprunt. Telle fut entre autres la proclamation « aux
« habitants de la Grèce », du mois d'octobre 1798, par
« *Philopatris Eleftheriadis*, publiée récemment par le
« baron de Testa, dans son *Recueil des traités de la Porte
« Ottomane*, d'après la copie manuscrite conservée aux
« Archives nationales (1).

(1) Voici le titre du texte grec de cette proclamation tel que le

« Deux ou trois mois après, je retrouve Stamaty en
« compagnie de deux autres personnages (dont l'un, Émile
« Gaudin, joua un rôle important dans les affaires du
« Levant à cette époque), à Ancône, faisant partie d'un
« Comité insurrectionnel que le Directoire venait d'y éta-
« blir, sous le titre d'*Agence du commerce français*, en vue
« de révolutionner la Grèce. On avait fondé sur cet éta-
« blissement de grandes espérances qui ne se réalisèrent
« pas. Au bout de quatre mois (avril 1799), l'agence fut
« dissoute et Stamaty revint à Paris.

« Ce qu'il advint de lui à partir de cette époque, je
« l'ignore, mais je ne désespère pas de le découvrir au
« moyen de nouvelles recherches que je me propose
« d'entreprendre, et au succès desquelles je ne doute
« pas que la publication des précieux papiers que vous
« avez entre les mains n'aidât beaucoup. »

Nous compléterons ces indications par quelques lignes extraites de la correspondance inédite de Daniel Philippidès avec Barbié du Bocage; elles nous révèlent certains détails concernant Stamaty, dont deux sont postérieurs à la dissolution de l'agence d'Ancône. Nous suivrons dans ces citations l'ordre chronologique.

« J'ai écrit deux lettres à Constantin; mais point de réponse. Il les aura sans doute reçues. C'est son père lui-même qui a été le porteur de l'une. Il était ici (à Jassy) au mois d'octobre dernier, et il partit pour Constantinople, à dessein d'y voir son fils. C'est un brave vieillard, bien vigoureux encore. Si Constantin est venu pour hériter, il faudra qu'il attende longtemps (lettre du 21 mars 1797). »

donne M. André Vréto dans son *Catalogue* (IIᵉ partie, n° 293) : « Πρὸς τοὺς Ῥωμαίους τῆς Ἑλλάδος ὁ φιλόπατρις Ἐλευθεριάδης. Ἐν Κωνσταντινουπόλει, παρὰ τῷ τυπογράφῳ Πογῶς Ἰωάννου ἐξ Ἀρμενίων, τῇ 4 Ὀκτωβρίου 1798. » — Cette brochure in-4° fut clandestinement imprimée à Paris.

Nous savons par ailleurs que c'était pour un motif tout différent que Stamaty avait entrepris son voyage à Constantinople; la peu charitable supposition de Philippidès n'a donc pas sa raison d'être. Constantin était assurément loin de penser à recueillir la maigre succession de son père, qu'il aimait de la plus vive affection, sollicitant pour lui les faveurs du prince Michel Soutzo, et se réjouissant de tout ce qui lui arrivait d'agréable. Ceci nous remet en mémoire un passage d'une lettre de Stamaty, en date du 22 novembre 1790, qui trouve naturellement sa place ici. « Une missive de Constantinople, écrit-il à Kodrikas, m'apprend que mon père s'est remarié, ou se prépare à convoler en quatrièmes noces, à Bucharest. Tu ne saurais croire combien cette bonne nouvelle m'a rempli de joie. Ce mariage contribuera à faire couler d'heureux jours à mon vieux père; c'est pourquoi, bien que je ne sois pas l'Antiochus de cette nouvelle Stratonice, je te prie, si le fait est exact, de présenter, tant à mon père bien-aimé qu'à ma troisième marâtre, mes saluts et mes félicitations. Mais si tout cela n'est qu'une fable, ris-en tout seul, mon cher Panagiotis. »

Le 28 novembre 1797, Philippidès écrit à Barbié : « L'ami Constantin est déjà parti pour la France, sa patrie adoptive. Vous le verrez; faites-lui beaucoup de compliments de ma part; dites-lui, en vous servant d'expressions très-amicales, que je l'aime toujours de tout mon cœur; et que, si j'agis quelquefois d'une manière à lui donner des soupçons, il ne faut pas attribuer cela à de mauvaises intentions. Hélas! mon cher ami, dans quelle atmosphère sommes-nous obligés de vivre ! Elle nous presse de toutes parts horriblement et nous fait paraître tout-à-fait autrement que nous ne voulons. C'est encore un malheur de plus. »

Ce à quoi Barbié répond (20 avril 1798) : « Je sais que

Constantin est à Paris, mais il ne vient pas voir ses anciens amis, et il me paraît qu'il évite même de me rencontrer. »

A quelle cause faut-il attribuer ce refroidissement subit de Stamaty à l'égard de ses meilleurs amis ? C'est ce que nous ne saurions dire ; remarquons seulement qu'il coïncide exactement avec la date de l'échec diplomatique que lui infligea le gouvernement turc, en refusant de le reconnaître comme consul de France dans les Principautés danubiennes.

Stamaty, qui, en 1788, paraissait vouloir demeurer célibataire, avait complétement changé d'avis, dix ans plus tard, car, dans sa lettre du 24 juin 1798, Philippidès écrit « que le père de Constantin vient d'apprendre à présent qu'il s'est marié ».

Le 27 avril 1801, Philippidès s'informe de nouveau de Stamaty qui persistait dans son mutisme accoutumé, et, le 7 juin de la même année, Barbié lui écrit : « Constantin Stamaty, que je ne vois point depuis longtemps, est actuellement consul de la République française à Cività-Vecchia, dans les États du Pape. »

Ces quelques mots sont précieux au point de vue biographique, car ils nous remettent sur les traces de Stamaty, et nous le montrent cette fois occupant un poste officiel, honneur qu'il convoitait depuis 1793, et qui était la juste récompense de son dévouement aux intérêts de la République française.

Enfin, deux ans après, le 15 juillet 1803, Philippidès adresse à Barbié une lettre dans laquelle nous lisons : « Je viens d'écrire à Constantin à Cività-Vecchia, en lui annonçant la mort de son père. Je présume qu'il y est encore, mais peut-être n'y est-il plus. C'est pourquoi je vous prie de dire au bureau des Affaires étrangères de l'avertir de la mort de son père. Constantin est le seul héritier. » Le

14 septembre, Barbié dit dans le post-scriptum de sa lettre que « l'on a écrit des Relations extérieures à Constantin, et qu'il est instruit de la mort de son père ».

La correspondance de Philippidès avec Barbié du Bocage finit au mois de février 1819, mais, à partir de 1803, nous n'y retrouvons pas un mot relatif à Stamaty.

Le nom de Stamaty figure dans l'*Almanach impérial* jusqu'à l'année 1808 inclusivement.

L'édition complète des lettres parisiennes de Stamaty ne formera pas moins de deux forts volumes in-octavo ; nous nous occupons dès maintenant de la préparer. Il est à peine besoin de faire remarquer combien cette publication sera intéressante au double point de vue de la littérature et de l'histoire. Les correspondances de Vienne, de Berlin, de Varsovie et de Constantinople, qui sont aux mains de M. Jules Lair, seront également publiées.

Coray, qui se trouvait aussi à Paris pendant les plus mauvais jours de la Révolution, a écrit quelques lettres sur les événements de ce temps. C'est un petit volume aujourd'hui fort rare, mais extrêmement inférieur comme mérite à la correspondance de Constantin Stamaty.

Paris, 20 *février* 1872.

ΑΙ ΚΑΤΑ ΤΟΝ

ΙΑΝΟΥΑΡΙΟΝ

ΜΗΝΑ

τοῦ 1793 ἔτους

ΚΩΝΣΤΑΝΤΙΝΟΥ ΣΤΑΜΑΤΗ

ΕΠΙΣΤΟΛΑΙ

περὶ τῆς Γαλλικῆς ἐπαναστάσεως νῦν τὸ πρῶτον ἐκ τῶν αὐτογράφων ἐκδοθεῖσαι.

Paris, le 3 janvier 1793.
Πρῶτον ἔτος ἀπὸ τῆς ἐλευθερίας.

Νο Α μετὰ τὸ 47.

Ἡ κρίσις τοῦ Λουδοδίκου ΙϚ' ἐπιστηρίζει τὴν προσοχὴν ὅλων τῶν πνευμάτων, ὅλοι οἱ πολῖται ἐκφράζουν ἐλευθέρᾳ φωνῇ τὰς περὶ αὐτῆς τῆς ὑποθέσεως δόξας των· οἱ μὲν μεγαλοφώνως ψηφίζουν τὴν καταδίκην του· ἕτεροι, μὴ ὄντες τόσον αὐστηροί, κλίνουν μᾶλλον πρὸς τὸν ἐξοστρακισμόν του· οἱ πλεῖστοι ὅμως ἐν σιωπῇ προσμένουν τὴν ἀπόφασιν τῆς Ἐθνικῆς Συνόδου. Αὐτὸ τὸ πρόσκρουσμα τῶν ἰδεῶν γεννᾷ ἕνα πλῆθος συγγραμμάτων, τὰ ὁποῖα ταράσσουν τὸν ὄχλον, χωρὶς νὰ ξεκαθαρίζουν ἀκριβῶς τὸ περὶ οὗ πρόκειται.

Σοὶ περικλείω ἐνταῦθα ἕνα παράγραφον μιᾶς πολιτικῆς ἐφημερίδος ὅπου συνθέτω (χαρακτηρίζομαι οὕτως C. S.), ὅπου θέλεις ἰδεῖ ὅτι γνωρίζονται τὰ λυπηρὰ ἑπόμενα αὐτῆς τῆς ἀθλίας κρίσεως κατὰ τὴν ὁποίαν τὸ πάθος μᾶλλον ἢ ὁ ὀρθὸς λόγος ὑπαγορεύει τὰς ἀποφάσεις τῶν ὀχλοθορύβων, συμβουλεύω τοὺς Φραντζέζους νὰ μὴν ἀψηφίσουν τὴν ὑπόληψιν τόσον τῶν ξένων, ὅσον καὶ τῶν μεταγενεστέρων ἐπάνω εἰς αὐτὴν τὴν κρίσιν.

Ἡ ἐπιστολὴ τοῦ Ἱσπανικοῦ πρέσβεως ἐν ταυτῷ, τὴν ὁποίαν θέλεις τὴν εὕρει εἰς τὴν γαζέταν τῆς διοικήσεως, θέλει σοὶ πληροφορήσει περὶ τῆς παραλογίας αὐτῆς τῆς ἀπολιτεύτου λύσσας κατὰ ἑνὸς ἀνθρώπου ἀνωφελοῦς καὶ ἀνεπικινδύνου, ὅστις ποτὲ, ἂν καὶ ἔβγῃ ἀπὸ τὴν Φράντζαν, δὲν θέλει ἡμπορέσει νὰ ξαναναίβῃ εἰς τὸν θρόνον, τοῦ ὁποίου ἡ ὕπαρξις φαίνεται γελοία καὶ ἄτοπος εἰς ὅλα τὰ πνεύματα σχεδόν.

Ἐν τοσούτῳ ὁ αἰχμάλωτος προσμένει μέσα εἰς τὸν σκοτεινὸν πύργον του τὴν τελευταίαν ἀπόφασιν τῆς Ἐθνικῆς Συνόδου, ἥτις κάθε ἡμέραν διαβουλεύεται περὶ τῶν πρακτέων. Αἱ μεσιτεῖαι τῶν ξένων δυνάμεων θέλουν μᾶλλον βλάψει ἢ ὠφελήσει τὸν πρώην μονάρχην· μάλιστα αἱ λογομαχίαι τοῦ Παρλαμέντου τῆς Ἰγγλιτέρας, τὸ ὁποῖον ἠγοράσθη ὁλόκληρον ἀπὸ τὴν αὐλήν, ἄναψαν περισσότερον ἐδῶ τοὺς δημαγωγοῦντας, οἱ ὁποῖοι, διὰ νὰ δείξουν ὅτι καταφρονοῦν τὴν δύναμιν τῶν Ἐγγλέζων, θέλουν κάμει τὸ ἐναντίον τοῦ ὅ,τι ἐπιθυμοῦν ἐκεῖνοι οἱ νησιῶται.

Κατὰ τὰ ἀπὸ 25 Δεκεμβρίου ἀπὸ Μαγέντζας γράμματα, οἱ Προυσιάνοι κάμνουν κατὰ συνέχειαν μεγάλας ἑτοιμασίας διὰ τὴν πολιορκίαν αὐτοῦ τοῦ κάστρου. Ὅλο τὸ διάστημα ὁποῦ ἐκτείνεται μεταξὺ Χονχεὶμ, Ἀρπενχεὶμ καὶ Βιτάδε εἶναι σκεπασμένον ἀπὸ τὰ στρατεύματά των, τὰ ὁποῖα αὐξάνουν κάθε ἡμέραν· ὁ πρὲνς δὲ Χοενλὸγ εὑρίσκεται εἰς Βισπὰδ, καὶ σπανίως ἀκολουθᾷ ὁποῦ νὰ μὴν γίνωνται ἀκροβολισμοὶ μεταξὺ τῶν δύο στρατευμάτων. Οἱ Φραντζέζοι ὅμως εἶναι ἀτάραχοι καὶ εἶναι θεμελιωμένοι ἐκεῖ, χωρὶς κανένα φόβον. Ἐπούλησαν τὰ ἀχούρια τοῦ ἐλέκτωρος, καὶ ὅλα τὰ πράγματα τοῦ παλατίου του· καὶ οἱ κάτοικοι τοῦ ἐλεκτωράτου θέλουν συναχθῇ μετ' οὐ πολὺ διὰ νὰ ζητήσουν τὴν ἕνωσίν των μετὰ τῆς Φράντζας. Τὸ κάστρον τοῦ Κανιγστέϊν ἀντιμάχεται ὅλας τὰς δυνάμεις τοῦ Πρ., μὲ ὅλον ὁποῦ δὲν ἔχει διὰ φρουρὰν παρὰ 400 ἀνθρώπους· ἔπειτα οἱ Φραντζέζοι, ἔχοντες ἤδη καιρόν, στέλλουν κατὰ συνέχειαν νέας δυνάμεις εἰς τὸ στράτευμα τοῦ Κιουστίνη, ἀπὸ τὸ ὁποῖον ἐξήρτηται ἤδη τὸ πεπρωμένον τῆς Φράντζας καὶ τῆς Γερμανίας.

Lettres de Stamaty.

Ὁ γ. Δουμουριὲ ἔφθασεν προχθὲς τὴν νύκταν εἰς Παρίσι, διὰ νὰ συνομιλήσῃ μετὰ τῶν μινίστρων περὶ τῆς νέας καμπανίας, ἡ ὁποία θέλει ἀρχίσει ἐφέτος, εὐθὺς ὁποῦ ὁ καιρὸς τὸ ἐπιτρέψει. Ὁ κατὰ τῆς Ὁλλάνδας σκοπός του, τὸν ὁποῖον οἱ πατριῶται τῆς Παταβίας εἶχαν ἐνσπείρει, μένει κατὰ τὸ παρὸν ἄπρακτος, καθὼς θέλεις τὸ πληροφορηθῆ ἀπὸ τὴν ἐξ ἐπαγγέλματος νόταν ὁποῦ ὁ Σοβελὲν, μινίστρος τῆς Ῥεπούπλικας εἰς Λόνδραν, ἐπρόσφερε τῷ Λὸρδ Γρανβὶλ, ἐν ᾗ ὑπόσχεται ἐπ' ὀνόματι τοῦ συμβουλίου ὅτι ἡ Φράντζα δὲν θέλει κτυπήσει τὴν Ὁλλάνδαν, ἐν ὅσῳ αὐτὴ περικλεισθῇ εἰς τὰ ὅρια τῆς πλέον ἀκριβοῦς ἀδιαφορίας. Θέλεις ἰδεῖ ἐν ταυτῷ ὅτι ἐζητήθη μία τελευταία ἀπόκρισις ἀπὸ τὸ καπινέτο τῆς Λόνδρας ὁποῦ ἡ Φράντζα νὰ λάβῃ τὰ μέτρα της, αἱ ἑτοιμασίαι μετ' οὐ πολὺ θέλουν ἀρχίσει εἰς τὰ παράλια, καὶ μὴν ἀμφιβάλλῃς ὅτι ἡ δόξα τῆς Φράντζας θέλει ἐπιπολάσει ὅλων τῶν ἐμποδίων ὁποῦ τὸ μῖσος τῆς ἐλευθερίας καὶ τοῦ δικαίου πολλαπλασιάζει πανταχόθεν.

Ὁ γ. Ἀνσέλμ ἀλλάχθη, καὶ ὁ γ. Πιρὸν στέλλεται εἰς τὸν τόπον του. Ἡ καμπανία εἰς ἐκεῖνα τὰ μέρη θέλει ἀρχίσει ἐν καιρῷ· ὁ στόλος ἀνεχώρησε, καθὼς σὲ ἔγραψα, ὁμοῦ μὲ 15 vaisseaux de transport· ἡ δεστινασιόνε των ὅμως εἶναι δυσνόητος, ἄλλο δὲν βλέπω παρὰ τὴν Λομπαρδίαν ἢ τὰ Στάτα τοῦ Πάπα· πλὴν ἐδῶ αἱ γαζετιέριδες κοινολογοῦν ὅτι ὁ Σεμονβὶλ παρχαρίσθηκεν ἀπὸ Κόρσικας εἰς τὴν φλόταν, τὴν ὁποίαν θέλει τὴν ὀδηγήσει εἰς τὸ Αἰγαῖον πέλαγος μέχρι τῶν Δαρδανελλίων, διὰ νὰ φοβήσῃ τοὺς Τούρκους. Αὐτὸς ὁ μῦθος θέλει ἀντιγραφθῆ εἰς τὰς γαζέτας τῆς Ὁλλάνδας, λοιπὸν μὴν δώσῃς καμμίαν ὑπόληψιν.

Χθὲς εἶδα ἓν γράμμα τοῦ Σεμονβὶλ, ὅστις ἔτι εὑρίσκεται εἰς Κόρσικαν.

Ἐγὼ ἐδῶ μὲ τρόπον ὁμιλῶν γενικῶς τῷ μινίστρῳ, τὸν εἶπα τὸ ὅ,τι διαδίδουν αἱ γαζέται· εἰς ὃ μοὶ ἀπεκρίθη, ὅτι αὐτὴ ἡ ὑπόθεσις τῶν κούφων κεφαλιῶν εἶναι τόσον ἄτοπος ὁποῦ δὲν πρέπει νὰ προξενῇ παρὰ γέλωτα εἰς τοὺς πολιτικούς, ὁποῦ γνωρίζουν πόσον ἡ Φράντζα ἐπιθυμεῖ ἐξ ἐναντίας νὰ ἀποδείξῃ εὐπράκτως τὴν πρὸς τὴν Κραταιὰν Βασιλείαν φιλίαν της.

Τὰ ἀπὸ Χαὶ γράμματα μᾶς μανθάνουν ὅτι ὁ Σταθούδερ καὶ τὸ συμβούλιόν του, φοβούμενοι μίαν αίφνιδίαν έφοδον των Φραντζέζων εις Ολλάνδαν, όπου οι πατριώται θέλουν συντρέξει εις την έπίδοσιν των αρμάτων των προσμένοντες μέ ανυπομονησίαν την στιγμήν έν ή θέλουν αποσείσει τον της Προυσσίας ζυγόν, πάσχουν διαφόροις τρόποις νά βαλθούν εις ασφάλειαν. Όλαι αι κατά σύνορα πόλεις εδέχθησαν εν πλήθος στρατιωτών και τοπιών. Από το άλλο το μέρος δουλεύουν με πολλήν βίαν νά όχυρώσουν τον λιμένα της Πριλ, εις Ζελάνδαν, όπου εστάλθη μία μοίρα της εις Πρέδα φρουράς. Ο τερσανάς της Άμστερδάμ άρμάτωσε ένα αρκετόν αριθμόν καραβίων, καθώς και πολλάς φελούκας κανονιέρας. Η αυλή του Σταθούδερ προσμένει ότι θέλει βοηθηθή μετ' όλίγον από ένα Άγγλικόν στόλον, και από έν σώμα Έγγλέζων όπου θέλει κατεβασθή εις Όλλάνδαν διά νά ένωθή μετά των δυνάμεων της Ολλάνδας. Τώρα όμως ή εξ επαγγέλματος άνακήρυξις του Γαλλικού πρέσβεως εις Λόνδραν θέλει όλιγοστεύσει τον τρόμον των αριστοκρατικών της Ολλάνδας. Έν έτερον γράμμα από Μαστρίχτ από 22 Δεκεμβρίου μας δίδει τα επόμενα: Οι Φραντζέζοι, όπού πρό μερικών ημερών έστρατοπέδευσαν κοντά εις αυτήν την πόλιν, μέ το νά επροχώρησαν μέχρι του χωρίου Βαλχενπούργε και εις τα πλησιόχωρα μέρη, ό πρένς δε Χές-Cassel, διοικητής Όλλανδέζος εις Μαστρίχτ, έστειλε ένα όφφικιάλον προς τον Δουμουριέ διά νά παραπονεθή. Ο Δουμουριέ ένεχείρισε τω όφφικιάλω έν γράμμα ευγενικόν προς την Έκλαμπρότητά του, έν ω γράφει ότι, μέ το νά άπατήθη από ψευδή χάρταν, δίδει προσταγήν εις το στράτευμά του να τραβιχθή από την επικράτειαν των επτά επαρχιών αφ' οΰ πληρώση ό,τι ήθελε αγοράσει. Ή χονδρή άρτιλερία οπού ήτον κοντά εις τα σύνορα της Ολλάνδας τραβίχθη εις τα ένδω της Βελγικής.

Είναι πολλά πιθανόν ότι οι Φραντζέζοι έχουν σκοπόν νά ανοίξουν την καμπανίαν μετ' ού πολύ, αρχίνοντες από το αξιόλογον κάστρον δε Λουξαμπούργ. Ο γ. Βαλαίς έξουσίασε το μεγαλείτερον μέρος των Αρδένων, ένθεν οι Αουστριακοί ετραβούσαν την περισσοτέραν ζωοτροφίαν των. Ο γ. Πολιό, όστις εστρατοπέδευε πέντε λέγας μακρά του Λουξαμπούργ, έκαμε μίαν κίνησιν εις τα όπισθεν, διά να πλησιάση περισσότερον αύτού του κάστρου.

Τά γράμματα από Λόνδρας 28 Δεκεμβρίου δίδουν είδησιν ότι ό

Σοβελὲν, κατὰ τὰς προσταγὰς ὁποῦ ἔλαβε παρὰ τοῦ μινίστρου μας, ἐζήτησε παρὰ τοῦ Λόρδ Γκρανβὶλ μίαν συνομιλίαν, διὰ νὰ τῷ τὰς προσφέρῃ. Ὁ μινίστρος Ἄγγλος ἀπέφυγε τὴν ἀντάμωσιν, ἐπὶ προφάσει καταρροῆς. Ἰδοὺ ὁποῦ τρὶς ἤδη ζητᾷ ὁ Σοβελὲν νὰ ἀνταμωθῇ μετὰ τοῦ μινίστρου, ὅστις ἀποφεύγει. Ἰδοὺ αἱ δύο ἀποφάσεις ὁποῦ θέλει κοινωνήσει:

1° Que le ministre de la République française, à Londres, serait chargé de présenter une note au ministère britannique, au nom de la République française, avec une réponse claire, prompte et catégorique, pour savoir si, sous la détermination générique d'étrangers que porte le nouveau *bill*, le parlement et le gouvernement de la Grande-Bretagne entendaient aussi comprendre les Français.

2° Que dans le cas d'une réponse affirmative, ou si dans le terme de trois jours il n'en recevait aucune, il serait autorisé à déclarer que la République française ne peut considérer cette conduite que comme une infraction manifeste au traité de commerce conclu en 1786; qu'en conséquence elle cesse de se croire elle-même obligée par ce traité, et qu'elle le regarde dès lors comme rompu et annulé.

Τὸ γράμμα τοῦ Σοβελὲν, ὁποῦ θέλεις εὕρει μέσα εἰς τὴν γαζέταν, καὶ ἡ ἀναφορὰ τοῦ μινίστρου ἐν τῇ Ἐθνικῇ Συνόδῳ θέλουν σοὶ δώσει ἀρκετὴν ἰδέαν τῶν πραγμάτων. Μ' ὅλον τοῦτο βεβαίωσε τὸ Ὕψος του ὅτι ἐδῶ περισσότεροι ἐπιθυμοῦν τὸν πόλεμον παρὰ τὸν φοβοῦνται, καὶ ὅτι 60,000 ναῦται προσμένουν μὲ ἀνυπομονησίαν, δουλεύουν ζουλεύοντες τὴν δόξαν τῶν ἀδελφῶν των ἐπὶ γῆς. Ἔπειτα οἱ πατριῶται θεωροῦν αὐτὸν τὸν πόλεμον ἁρμόδιον νὰ σχηματίσῃ καὶ νὰ ἐντελέσῃ τὸ ναυτικὸν τῆς Φράντζας. Ὡς τόσον οἱ πολιτικοὶ ἐδῶ δὲν πιστεύουν ἀκόμη εἰς αὐτὸν τὸν πόλεμον, τόσον ἐξ αἰτίας τῶν χρεῶν τῆς Ἰγγλιτέρας, ὅσον καὶ διὰ τὸ ἀβέβαιον τοῦ ἀποβησομένου, τὸ ὁποῖον ἠμπορεῖ νὰ ἐξυπνίσῃ τὰς παμπληθεῖς φατρίας.

Στ.

(*Appendice à la lettre précédente.*)

Σὲ παρακαλῶ νὰ ἐγχειρίσῃς τὸ περικλειόμενον τῷ πατρί μου. Τῇ ἀληθείᾳ, ἀδελφέ, ἡ σκληροκαρδία αὐτοῦ τοῦ ἀνθρώπου, χωρὶς σπλάγχνα καὶ χωρὶς φιλοστοργίαν, μὲ ἀπελπίζει, καὶ ἂν τὸν ἔγραψα ὀλίγον αὐστηρά, πρέπει νὰ τὸ ἀποδώσῃ εἰς τὴν ἀπόφασιν ὁποῦ ἔλαβα νὰ ἀποθάνω τῆς πείνας μᾶλλον ἢ νὰ καταφύγω εἰς ἕνα πατέρα, ὁποῦ ποτὲ δὲν αἰσθάνθη τὴν ἡδονὴν τῆς υἱκῆς φιλίας. Λοιπόν, ἂν δὲν κατορθώσῃς νὰ ἐξυπνίσῃς εἰς τὴν ψυχήν του τὰ φρονήματα τῆς φύσεως, μὴν χάσῃς τοὺς κόπους σου. Ὅσον διὰ ἐμένα, εὐχαριστοῦμαι πάντα νὰ τὸν ἀγαπῶ, χωρὶς πλέον νὰ τὸν ἐνοχλῶ διὰ νὰ μοὶ δίδῃ παρὰ θέλησίν του.

Χθὲς ὡμίλησα τῷ φίλῳ περὶ τῶν ἀπαιτουμένων· μοὶ ἀπεχρίθη ὅτι δὲν μένει ἀμφιβολία ὅταν ἀποδείξω τὰς δουλεύσεις καὶ τὴν ἀπόφασιν νὰ βοηθηθοῦν τὰ ἰντερέσσα τῆς Φ[ράντζας], par des faits. Λοιπὸν ἀκολούθησε κατὰ γράμμα ὅσα σοὶ ἔγραψα μέχρι τοῦδε, ἂν θέλῃς νὰ τελειωθῇ τὸ ποθούμενον. Ἠμπορῶ ἐκ μέρους μου νὰ σοὶ δώσω κάθε εἶδος ἀσφαλείας, λοιπὸν (mot effacé) τὸ παρὸν τὸ ἔγγραφον, μάλιστα τὸ περὶ Σοαζέλ. Ποῖα τὰ μέσα ὁποῦ ἐμεταχειρίσθη, ποία ἡ κλίσις τῶν μινίστρων σας, ὁμοίως καὶ ἄλλα ἄφευκτα. Μὲ ἐλέγχεις συχνὰ καὶ ὁμολογῶ ὅτι ἔχεις δίκαιο, σὲ βεβαιώνω ὅμως ὅτι δὲν εἶσαι κατὰ πάντα ἀνεπίληπτος. Τὸ ἕνα σου γράμμα δὲν ὁμοιάζει μὲ τὸ ἄλλο. Ποτὲ παίρνεις ὕφος φιλικόν, ποτὲ δεσποτικόν, ἢ τὸ ὀλιγώτερον καθὼς ἤθελες γράφει εἰς ἕνα κορρεσπονδέντε, ὁποῦ δὲν ἤθελες γνωρίσει. Λοιπὸν ὁμοίωσε, σὲ παρακαλῶ, μὲ τὸν ἑαυτόν σου, καὶ πληροφορήσου δεκάκις, εἰ χρεία, πῶς ἐπάνω εἰς τὴν οἰκουμένην γῆν δὲν ἔχεις φίλον ἀληθέστερον, εἰλικρινέστερον. Ἂν φροντίζῃς διὰ ἐμένα, βλέπεις ὅτι δὲν σὲ ἀμελῶ, καὶ ὅτι ὁ τέλος (sic) δὲν εἶναι παγατέλα.

Ὁ Μαμάρας μοὶ γράφει ὅτι μὲ πρώτην πόσταν θέλει μοὶ τραβίξει μίαν πόλιτζαν 207 φ. καὶ μεγάλως ἐχάρην. Εἰς τὸ ἑξῆς ἐκεῖνος θέλει φροντίσει τὰ περὶ ἐμοῦ, ἐπειδὴ τῇ ἀληθείᾳ ὁ ἄλλος ἀδιαφορεῖ. Ὁ ἔλεγχός σου ἦτον περιττός· δὲν μὲ ἔγραψας ὁ ἴδιος ἐν καιρῷ νὰ στείλω πόλιτζαν τῷ Ῥούστῃ, ἂν εὑρεθῶ εἰς ἀνάγκην. Λοιπὸν κατὰ τότε εἶχα μεγάλην χρείαν, ἔπειτα δὲν τὸν ἐτράβιξα πόλιτζαν, τῷ ἔγραψα ὅμως

Lettres de Stamaty.

ἓν φιλικὸν διὰ νὰ μοὶ στείλῃ 150 fr., εἰς τὸ ὁποῖον γράμμα μήτε μὲ ἀπεκρίθη μέχρι τοῦδε, τόσον ἡ πολιτζά μου εἶχε κρεδίτο κοντὰ εἰς τὴν τιμιότητά του, ὅθεν εἰς τὸ ἐξῆς ἔσο ἥσυχος. Τώρα μὲ ἔστειλε τὰ μηνιαῖά μου ἀπὸ πρώτης Δεκεμβρίου μέχρι τέλους Φεβρουαρίου, ὁμοῦ μὲ τὰ 150 γ. τοῦ Γκὶς, καὶ ἄλλα 100 πρὸς συνήθειάν μου. Μὲ δεύτερον προσμένω τὰ τοῦ πατρός μου, ὁμοῦ μὲ τὰ ὑποσχεθέντα ἀΐβασιλιάτικα.

Τὰ βιβλία σου θέλω ἀρχίσει νὰ τὰ ἑτοιμάσω εὐθὺς ὁποῦ θέλω λάβει ἄσπρα. Προσμένω ὅμως διὰ νὰ τὰ ἐξαποστείλω ἀπὸ Βιέννης τὴν ἀπόκρισιν τοῦ Μαμάρα· ὁ ταπάχος θέλει σταλθῆ διὰ Τουλόν.

(Sans date, mais reliée à la suite de la précédente.)

Ἀδελφὲ, εὐθὺς ὁποῦ ἔλαβα χθὲς τὸ ἀπὸ $\frac{5\ \text{Δεκ.}}{24\ \text{Νοεμβ.}}$ γράμμα σου, αἰσθανόμενος τὸ ἀξιόλογον τῆς προσταγῆς ὁποῦ μοὶ δίδεται, ἀμέσως, χωρὶς νὰ χάσω καιρὸν, ἐμβῆκα εἰς μίαν καρρέταν, καὶ μετεφέρθην εἰς τὸ προάστειον λεγόμενον Gros-Challiau (sic), ὁποῦ ἀνταμώθην μετά τινος ὀνόματι μ. Περιὲ, πρώτου τεχνίτου τῆς Ῥεπούπλικας διὰ τὰ κοντάκια τῶν τοπιῶν· ἀφ' οὗ τὸν παρέστησα τὴν ζήτησίν σας, ἰδοὺ τί μὲ ἀπεκρίθη: « Ἂν ἐπιθυμᾷς νὰ σοὶ δώσω διὰ τὴν δούλευσιν τῆς Κραταιᾶς Βασιλείας μαθητὰς, δὲν εἶναι καμμία δυσκολία· ὅμως σὲ βεβαιώνω ὅτι δὲν θέλουν εὐδοκιμήσει. Ὅσον διὰ τοὺς μαστόρους, δὲν ἔχω τὸν τρόπον, μήτε τὴν ἄδειαν νὰ τοὺς στείλω κατὰ τὸ παρόν, ὁποῦ ἡμέρα καὶ νύκτα δουλεύουν, μάλιστα τοὺς καλλιτέρους. Λοιπόν, ἂν ἠμπορέσῃς νὰ τοὺς ζητήσῃς ἀπὸ τὸν μινίστρον τοῦ πολέμου, στέργω νὰ σὲ τοὺς διαλέξω· σὲ προλαμβάνω ὅμως ὅτι ἕνας καλὸς τεχνίτης ἀπὸ ἐδῶ δὲν ἠμπορεῖ νὰ κινήσῃ, ἂν δὲν ἀφήσῃ εἰς τὴν φαμιλίαν του τὸ ὀλιγώτερον 1000 λίτρας. »

Ὅθεν σήμερον ἐσηκώθηκα εἰς τὰς ἑπτὰ ὥρας, καὶ ἀνταμωθεὶς μετὰ τοῦ Τιλλὶ, σεκρεταρίου τῆς Φράντζας εἰς Κωνσταντινούπολιν, ἐπήγαμεν καὶ οἱ δύο εἰς τὸν μινίστρον τῶν ξένων ὑποθέσεων, διὰ νὰ τὸν συμβουλευθῶμεν. Τὸν ηὗρα ὁποῦ ἐξυπνοῦσε, καὶ τὸν διηγήθην ὅτι, μὲ όλον όπου δεν έχω προσταγήν να ζητήσω αυτούς τους τεχνίτας από την διοίκησιν, μ' όλον τούτο με το να μην έχω τρόπον να αναγκάσω τους τεχνίτας να αναχωρήσουν ενταύθα, τον παρακαλώ να με ευκολύνη τα μέσα όπου αυτοί οι άνθρωποι να αναχωρήσουν το ογληγορώτερον. Ιδού τί μας είπεν. Είναι μερικός καιρός όπου ο Καπετάν Πασάς εζήτησεν παρά του καπετάνου, όστις μετά του ναυτικού των Τούρκων εξωλόθρευσε το στολίδιον του Λάμπρου Κατζιόνι, ένα ναυπηγόν διά να διαδεχθή τον τόπον του ναυπηγού Φραντζέζου, όπου απέθανεν από την πανούκλαν εις την Πόλιν. Αυτή η ζήτησις ήτον δυσκολοκατόρθωτος εις τα παρόντα περιστατικά ωσάν όπου πολλοί όρρικιάλοι ινγενιέριδες, όντες αριστοκρατικοί, επαρακίνησαν μερικούς των επιτηδειοτέρων μας ναυπηγών να δραπετεύσουν, όπερ έβαλε την ναυτικήν μας εις κάποιαν υστέρησιν αξίων ανθρώπων. Μ' όλον τούτο ο Τιλλή, θέλοντας να αποδείξη εις τους Οθωμάνους την φιλίαν και συμμαχίαν της Φράντζας, επαρακίνησε τον μινίστρον της ναυτικής να κάμη αυτήν την θυσίαν, στέλλοντας εις Πόλιν ένα άξιον άνθρωπον εις τα παρόντα περιστατικά. Λοιπόν με το να εδιορίσθη αυτός ο ναυπηγός, ονομαζόμενος Lebrun, ένας των σοφωτέρων των λιμένων μας, θέλω τον δώσει προσταγήν όπου να εκλέξη εις Τουλόν δύο μαραγκούς εξαιρέτους και δύο τζιλιγγίριδες διά αυτό το είδος, όπου να τους μεταφέρη μαζί του εις Πόλιν. Λοιπόν σε δίδω άδειαν, μοί είπε, να γράψης ότι αυτοί οι άνθρωποι θέλουν σταλθή κατά την επιθυμίαν της Κραταιάς Βασιλείας. Όσον διά την πληρωμήν των, θέλουν την λάβει έμπροσθεν εις Τουλόν, και, όταν φθάσουν εις Πόλιν, τότε θέλουν πληρωθή κατά τας δουλεύσεις των και το μερίτο των. Λοιπόν, αδελφέ, ημπορείς να γράψης με βεβαιότητα ότι αυτοί οι άνθρωποι θέλουν κινήσει επάνω εις μίαν χορβέτταν (της οποίας το όνομα θέλω σοι το γράψει εν καιρώ) ομού μετά του ζητηθέντος ναυπηγού μ. Λεπρούν και του Τιλλή, σεκρηταρίου της πρεσβείας, όστις κατώρθωσε παρευθύς αυτήν την υπόθεσιν. Από εδώ από το Παρίσι ήτον των αδυνάτων να σοί σταλθούν καλοί, ωσάν όπου οι εξαίρετοι είναι εις το στράτευμα· από Τουλόν όμως θέλουν εκλεχθή κατά το ποθούμενον. Δεν θέλω αμελήσει αυτήν την υπόθεσιν μέχρι τέλους· μετά 25 ή 30 ημέρας αυτοί οι άνθρωποι κινούν. Λοιπόν γράψε το. Άλλος τρόπος δεν ήτον διὰ νὰ εὑρεθοῦν, ἐπειδὴ τοὺς τοιούτους δὲν τοὺς ἀφίνουν νὰ ἔβγουν ἀπὸ τὸν τόπον.

Παρίσι, 6 Ἰανουαρίου 1793.
Β`ον` ἔτος ἀπὸ ἐλευθερίας.

Νο Β.

Μὲ ὅλας τὰς ἀνιχνιάσεις μου μέχρι τοῦδε, δὲν ἔχω καμμίαν πληροφορίαν περὶ τῆς ναυπορίας τοῦ ναυάρχου Τρουγχέ · τόσον ὅμως εἶναι γνωστόν, καθὼς σοὶ τὸ προέγραφον, ὅτι, κατὰ τὴν 10 τοῦ παρελθόντος, ὁ στόλος του συγκείμενος ἀπὸ 15 καράβια καθ' αὐτὸ τῆς λίνεας, 8 φρεγάτας ἢ κορβέτας καὶ 4 πομπάρδαις, ἄνοιξαν τὰ πανία των. Τῇ 6, ἡ κορβέτα ἐπικαλουμένη Λὰ Φλὲς εἶχε σταλθῆ εἰς τὴν νῆσον τῆς Κόρσικας μὲ μίαν προσταγὴν κρυφήν, ὑποτίθεται ὅμως ὅτι ἐδίδετο τῷ περιβοήτῳ γενεράλῃ Παόλῃ, διὰ νὰ ἐμβάσῃ εἰς καράβια μίαν μοῖραν τῶν ὑπ' αὐτοῦ ἀρχιστρατηγουμένων Κορσῶν. Μόλις ἠκούσθη ὁ κινημὸς τῆς φλότας καὶ ἐδῶ οἱ νεοποιοὶ διέδωσαν ὅτι ἔφθασε εἰς τὸν λιμένα τῆς Νεαπόλεως, τῆς ὁποίας ὁ μονάρχης κατ' ἀρχὰς δὲν ἔστεργε νὰ τὴν ὑποδεχθῇ, ὕστερα ὅμως, μὲ τὸ νὰ ἔκαμε παρ' αὐτῷ ἐνεργητικὰς ἐνστάσεις ὁ ἐκεῖσε πρεσβεύων Μαχὸ, ἀπεφάσισε νὰ τὴν δεχθῇ ὁλόκληρον · αὐτὴ εἶναι μία ἀόριστος φήμη, τὴν ὁποίαν δὲν τὴν ἐγγυοῦμαι.

Δὲν ἀμφιβάλλω ὅτι διαβάζεις ἐν καιρῷ ὅλας τὰς λογομαχίας τοῦ παρλαμέντου τῆς Ἰγγλιτέρας, καὶ ἀκολούθως πληροφορεῖσαι ὅτι τὸ πνεῦμα τῆς αὐλῆς ἤδη ὑπερπολεῖ ἐξ αἰτίας τῶν διαφθορῶν, ὁποῦ ἐπιτηδείως οἱ μινίστροι διέσπειραν. Ὁ ἔσχατος νόμος ὁποῦ ἐψηφίσθη εἶναι τὸ ξαρμάτωμα τῶν ξένων. Μὲ φαίνεται ὅμως, ἐπειδὴ καὶ ὁ ἀριθμὸς τῶν ξένων ὑπόπτων πατριωτισμοῦ δὲν εἶναι μεγάλος, ὅτι ἡ διοίκησις ἀπὸ βαθμὸν εἰς βαθμὸν θέλει καταντήσει εἰς τὸ νὰ ξαρματώσῃ τὴν μοῖραν τοῦ ἔθνους, ὁποῦ ζητᾷ μίαν μεταβολὴν καὶ διόρθωσιν τῶν κακιῶν τῆς πολιτείας τῆς Βριταννικῆς. Οἱ ῥήτορες ὁποῦ μινιστεριάζουν ὡμίλησαν διεξοδικῶς περὶ τῆς ἀνάγκης τῆς ξαρματώσεως. Ὁ Πούρχ ἀναισχύντως εἶπεν ὅτι οἱ Φραντζέζοι χαλκεύουν ἐγχειρίδια διὰ τοὺς φόνους ὁποῦ προετοιμάζουν εἰς Λόνδραν · ἂν τοῦτα ἦσαν ἀληθές, μὲ πόσην χαρὰν οἱ μινίστροι ἤθελαν τὸ κηρύξει παντοῦ, διὰ νὰ ταπεινώσουν τοὺς φίλους τῆς ἐλευθερίας! Περὶ τῆς Ἰγγλιτέρας ἤδη δὲν σοὶ γράφω περισσότερον, ὡσὰν ὁποῦ, ἐπειδὴ καὶ ὁ μινίστρος τῶν ξένων ὑποθέσεων ἔδωκεν εἴδησιν ὅτι σήμερον Βιὰν ἔχει σκοπὸν νὰ κάμῃ μίαν ἀναφορὰν περὶ τῶν τῆς Ἰγγλιτέρας, προτιμῶ καλλίτερα νὰ σοὶ στείλω ῥητῶς τὸν λόγον του, ὅστις θέλει τυπωθῆ αὐτὴν τὴν νύκτα μέσα εἰς τὴν ἐθνικὴν γαζέταν, ἡ ὁποία θέλει σοὶ εἰδοποιήσει τὰ ὅσα ἠκολούθησαν εἰς Λόνδραν, ἀφ' οὗ ὁ Σοβελὲν παρέστησε τὰς τελευταίας ἀποφάσεις τῆς Φράντζας. Διὰ τοῦτο τὸ παρόν μου γράμμα δὲν θέλει σοὶ σταλθῆ παρὰ αὔριον ἢ μεθαύριον. Ἰδοὺ ὁποίους σκοποὺς ὑποθέτουν ἐδῶ εἰς τὸ μινιστέριον τῆς Ἰγγλιτέρας· στοχάζεται νὰ ἀποτελέσῃ μίαν κάθοδον εἰς τὴν Φράντζαν, ἐπὶ ὑποθέσει ὅτι ἡ Νορμανδία θέλει ὑποταχθῆ, εὐθὺς ὁποῦ ὁ Ἀγγλικὸς στόλος φανῆ εἰς τὰ παράλιά της. Ἐλπίζει ὅτι τὸ κάστρον Καλαὶ εὐθὺς θέλει παραδοθῆ, διὰ τοῦτο ἁρματώνει εἰς Πορτσμοὺθ φελούκας κανονιέρας· διορίζει ἕνα ἄλλον στόλον διὰ τὴν Μεσόγειον, διὰ νὰ κτυπήσῃ τὴν πόλιν Τουλόν, καὶ νὰ τὴν πάρῃ, ἐν ᾧ ὁ στόλος τῆς Φράντζας διατρέχει τὰς θαλάσσας τῆς Ἰταλίας. Μία ἄλλη φλότα θέλει διευθυνθῆ κατὰ τῶν ἀποικιῶν, ἐπ' ἐλπίδι ὅτι τὰ νησία, ὁποῦ εἶχαν προσφερθῆ αὐτομάτως τῷ Λόρδ Ἐφιγκάμ, διοικητῇ τῆς Ζαμαϊκᾶς, εἶναι ἕτοιμα νὰ ὑποταχθοῦν εἰς τὴν Ἐγγλιτέραν· ἀφίνει ἐν ταυτῷ τὴν φροντίδα εἰς τοὺς Ὁλλανδέζους νὰ ἐξουσιάσουν τὴν Δουνχὲρκ καὶ Γραβελὶν, ἐλπίζων ὅτι θέλει κερδήσει τοὺς κατοίκους αὐτῶν τῶν δύο πόλεων, ὑποσχόμενος τὸν ἐλεύθερον ἐμπόριον μετὰ τῆς Ἰγγλιτέρας.

Ἡ διοίκησις ἐπιθυμᾷ κρυφίως τὸν θάνατον τοῦ Λουδοβίκου ΙϚ', διὰ νὰ διεγείρῃ περισσότερον τοὺς Ἰγγλέζους κατὰ τῶν Φραντζέζων, καὶ διὰ νὰ ἠμπορέσῃ νὰ βάλῃ εἰς τὸν θρόνον τὸν ἀδελφόν του Μονσιοῦ. Κατὰ τὸ παρὸν εἶναι 44 καράβια τῆς λίνεας εἰς ἑτοιμασίαν, καὶ θέλουν αὐξηθῆ μέχρι τῶν 70, πλὴν τῶν φρεγάτων. Ἡ πάνκα καὶ τὸ μινιστέριον ἐσυμφώνησαν ἓν δανεῖον 7 μιλλιουνίων δὲ λιβρστερλένγ, καὶ ἑπτὰ ἄλλοι σαραφίδες ὑπεσχήθησαν νὰ δανείσουν ἄλλα ἑπτὰ μιλλιούνια. Ἡ γαζέτα τῆς Λόνδρας παραπονεῖται ὅτι τὰ ἄσπρα ὠλιγόστευσαν, καὶ ὅτι ἄρχισαν νὰ τὰ κρύβουν, ἐπειδὴ οἱ πραγματευταὶ φοβοῦνται αὐτὸν τὸν πόλεμον.

Lettres de Stamaty.

Τῇ 8 Ἰανουαρίου.

Τέλος πάντων ἰδοὺ ἕνα νέον τῷ ὄντι ἄξιον θαυμασμοῦ, ὑποθέτω ὅτι τὸ ἔλαβες ἐν καιρῷ ἀπὸ Βιέννης · θέλω ὅμως, μὲ ὅλον ὁποῦ μέλλει νὰ ἀργήσῃ, νὰ σὲ διηγηθῶ καθὼς μετεφέρθη ἐδῶ.

Χθὲς ὁ μινίστρος τῆς ναυτικῆς Μὸνζ ἔδωκεν εἴδησιν τῇ Ἐθνικῇ Συνόδῳ ὅτι ἕνας γρεναδιέρης, ὀνομαζόμενος Πελθὶλ, ἔφερεν ἕνα πλίκον τοῦ κόντρ-ἀμιράλη Λαούς, ἐπιφορτωμένου νὰ ἐκστρατεύσῃ κατὰ τῆς Νεαπόλεως. Ἰδοὺ ἡ διήγησις τοῦ γρεναδιέρη : « Τῇ 18 Δεκεμβρίου ἐφθάσαμεν εἰς Νεάπολιν, ὑποκάτω εἰς τὰ παράθυρα τοῦ βασιλέως, χωρὶς νὰ φοβηθῶμεν τὰς φοβερὰς ἑτοιμασίας ὁποῦ εἶχαν κάμει διὰ νὰ ἀντισταθοῦν εἰς τὸ πλησίασμά μας. Φορτωμένος μὲ ἕνα γράμμα διὰ τὸν βασιλέα τῆς Νεαπόλεως, κατέβην μόνος ἐγὼ εἰς γῆν, κατὰ τὴν συνήθειαν · διαπέρασα μόνος αὐτὴν τὴν ἄπειρον πόλιν, καὶ τοὺς δρόμους, ὁποῦ εἶδα χιλιάδες ἀνθρώπους ὁποῦ ἐπεριτριγύριζαν, καὶ ἀπείρας φωνὰς ὁποῦ μὲ ἐφώναζαν· « Πράβο, ἀνδρεῖοι Φραντζέζοι, θέλετε εὕρει « ἐδῶ 50 χιλιάδες παλληκάρια, διὰ νὰ σᾶς βοηθήσουν. » Ἔπειτα ἐπῆγα εἰς τὸ κονάκι τοῦ Ἄλτον μινίστρου, τὸν ἐνεχείρισα τὸ γράμμα, λέγοντας ὅτι δὲν εἶχα παρὰ μίαν ὥραν διὰ νὰ προσμένω ἀπόκρισιν. Μὲ ἀπεκρίθη ὅτι θέλει ἐπιστρέψει πρὶν τῆς ὥρας, καὶ τότε ἐπῆγεν εἰς τὴν χούρτην · ἀμέσως ἐπανέστρεψε, καὶ μὲ ἔδωκε ἕνα τρόπον μεσιτείας ἐγγράφου, μὲ ἕνα ἄλλο γράμμα ἀποκριτικόν. Τὸν ἀπεκρίθην ὅτι ἡμεῖς δὲν ἐρχόμεθα διὰ νὰ ζητήσωμεν μεσιτείαν, ἀλλὰ τὴν ταχεῖαν ρεπαρασιόνε τῆς ὕβρεως ὁποῦ ἔκαμεν ὁ βασιλεὺς εἰς τὸ ὑποχείμενον τοῦ Σεμονθὶλ, διωρισμένου πρέσβεως παρὰ τῷ Σουλτάνῳ · τότε πάλιν ὁ Ἄλτον ἐγύρισε κοντὰ εἰς τὸν βασιλέα, καὶ μὲ ἔφερεν αὐτὸ τὸ γράμμα χωρὶς τῆς συμφωνίας τῆς μεσιτείας. »

Αὐτὰ τὰ γράμματα, μὲ τὸ νὰ ἦναι τυπωμένα εἰς τὴν γαζέταν, εἶναι περιττὸν νὰ τῇ τὰ μεταφράσω · τόσον ὅμως τῇ σημειῶ ὅτι τὸ ὕφος μὲ τὸ ὁποῖον οἱ Φραντζέζοι ἐφέρθηκαν εἶναι τῷ ὄντι ἀξιοθαύμαστον, ἀφ' οὗ ἀπέλαυσαν ὅλην τὴν ἐπιδιόρθωσιν ὁποῦ ἐπιθυμοῦνται, δηλαδὴ ἀφ' οὗ ἐβίασαν τὸν βασιλέα τῆς Νεαπόλεως νὰ ἀλλάξῃ τὸν εἰς Κωνσταντινούπολιν ἰνδιάτον του, καὶ νὰ στείλῃ εἰς Παρίσι ἕνα πρέσβυν του διά νά αναγνωρίση την 'Ρεπούπλικαν· μήτε έκαταδέχθηκαν νά κατέβουν εις Νεάπολιν, άλλα μέ την ιδίαν υπερηφάνειαν ανεχώρησαν. Υποθέτω ότι έχουν σκοπόν νά κάμουν την αυτήν βίζιταν τῷ Πάπᾳ· έν τοσούτῳ ὁ ίδιος κουριέρης Νεαπολιτάνος, όπου έφερεν εδώ την έσχάτην απόφασιν τοῦ βασιλέως, εκίνησε αμέσως εις Λόνδραν, διά νά φέρη την προσταγήν τῷ έκεῖσε πρέσβει Καστελλοτζικάλα, νά έλθη εις Παρίσι, και νά γνωρίση την 'Ρεπούπλικαν έπ' ονόματι τοῦ βασιλέως του.

Βλέπεις λοιπόν, αδελφέ, τα επόμενα της υποθέσεως του Σεμονβίλ, και πόσον οι Φραντζέζοι έχουν κατά καρδίαν νά συμμαχήσουν μετά της Υψηλής Πόρτας, και νά παιδεύσουν τους κοινούς μας εχθρούς· τά μέσα δέν τούς λείπουν. Διά τούτο είναι ανάγκη οπού, χωρίς αργοπορίας, ή Πόρτα νά λάβη μίαν απόφασιν όπου νά ανταποκρίνεται εις την μεγαλοκαρδίαν και την φιλίαν των συμμάχων της. Όσον διά εμένα δέν αμέλησα μέχρι τούδε να τρέφω εδώ, τόσον εις την Εθνικήν Σύνοδον, όσον και εις το μινιστέριον (καθώς ημπορείς νά το πληροφορηθής και από τό άρθρον όπου θέλεις διαβάσει εις την γαζέταν μου), αυτό το πνεύμα της φιλίας και της συμμαχίας, το οποίον θέλει μεγάλως ωφελήσει την Θύραν, άν το αισθάνεται.

Προσμένω την απόκρισίν σου περί του μεκτουπίου όπου εζήτησα, και ελπίζω τότε ότι αι δουλεύσεις μας θέλουν λάβει μίαν καλλιτέραν μορφήν, και σύμφερον μέ το πνεύμα της αμοιβαίας μας πολιτικής. Μέ όλον όπου, διά νά σοι στείλω το παρόν, επρόσμενα την αναφοράν του μινιστερίου όπου άνωθεν υπόσχομαι, απoφάσισα μ' όλον τούτο, με το να μην έγινεν αυτή ή αναφορά, εξ αιτίας της άργητας του ερχομού του από Λόνδρας κουριέρη, νά σοί εξαποστείλω το παρόν μου διά την περικλειομένην απλήν διήγησιν των περί Νεαπόλεως και Σεμονβίλ· μέ δεύτερον ίσως θέλω ημπορέσει νά ευχαριστήσω καλλίτερα την περιέργειάν σας.

Αδελφέ, μεγάλην αμέλειαν βάζεις εις τάς αποκρίσεις σου εις τά παρόντα περιστατικά, τά οποία απαιτούν μίαν συνεχή σχέσιν μεταξύ μας· έπειτα δέν μεταχειρίζεσαι νούμερο διά νά ιδώ την ακολουθίαν των γραμμάτων σου· εγώ, κατά την παραγγελίαν, άλλαξα την σειράν, και σημειώ ήδη διά Ελληνικών γραμμάτων.

Είμεθα εδώ, κατά το παρόν, ήσυχοι.

Την ερχομένην εβδομάδα ή κρίσις του Λουδοβίκου θέλει λάβει εν τέλος, όπερ ημπορεί να μας ταράξη.

Τα από Μαγέντζας γράμματα μας μανθάνουν ότι το στράτευμα είναι ήσυχον, ότι κανένα φόβον δεν έχουν από τους Προυσσιάνους, οι οποίοι είναι εις αθλίαν κατάστασιν, υστερούμενοι των πάντων.

Ο Δουμουριέ είναι εις Παρίσι και κάμνει τας ετοιμασίας του.

Παρίσι, τῇ 13 Ἰανουαρίου 1793.
Δεύτερον έτος από της δημοκρατίας.

N° Γ.

Οι εμπειρότατοι αρχιστράτηγοι μέλλουν να συστήσουν εδώ εν είδος δμηγύρεως, όπου έκαστος, κατά τας τοπικάς ειδήσεις του, θέλει προβάλει τας ιδέας του περί της ελευσομένης κατά την πρώτην άνοιξιν εκστρατείας, και περί του ού ονομάζουν plan de campagne. Ο Δουμουριέ ευρίσκεται εδώ, ως σοι προέγραψον, και καθώς θέλεις το ιδεί εν τω προς την Εθνικήν Σύνοδον γράμμα[τί] του· ό γ. Πιρόν, όπου ανέλαβε, αντί του Ανσέλμ, του κατά της Ιταλίας στρατού, είναι επίσης εδώ, και έχουν συνεχείς συντεύξεις εις το παλάτι του μινίστρου του πολέμου και των ξένων υποθέσεων· είναι όμως πολλά κρύφιαι.

Ο μινίστρος (χθές) της ναυτικής έδωκεν είδησιν ότι μετ' ού πολύ η Φράντζα θέλει φανή επάνω εις την θάλασσαν τόσον φοβερά όσον και εις ξηράν· ότι εις όλους τους λιμένας ημέρα και νύκτα δουλεύουν, ότι μ' όλον όπου αι θαλάσσιαι δυνάμεις μας είναι αξιολογώταται, δεν κρίνει εύλογον να τας κοινολογήση, μήπως οι εχθροί λάβουν κατ' αναλογίαν τα μέτρα των· ζητά προσέτι 30 μιλλιούνια διά τα έξοδα του χρόνου, ομοίως και μερικούς νόμους υπέρ των ναυτών κατά μίμησιν της Ιγγλιτέρας, η οποία προσφέρει εν είδος ανταμοιβής χρηματικής εις όσους εθελουσίως καταγράφονται.

Εις τα σύνορα των Πυρηναίων δεν ηκολούθησε καμμία αλλαγή, αφ' ότου απεφάσισεν ο βασιλεύς της Ισπανίας να ξαρματώση· εξ εναντίας, κατά τα από Βαρσελόνης γράμματα, αι ετοιμασίαι δεν έπαυσαν, και ό διορισμός των δεν θέλει απεφασισθή, παρ' αφ' οὗ τελειώση ή κρίσις τοῦ Λουδοβίκου Καπέτ, ή καταδίκη του, περὶ ἧς κατὰ δυστυχίαν δὲν ἀμφιβάλλω.

Ἡ παροῦσα διάθεσις τῶν Ἰγγλέζων, καὶ ἡ περιφρόνησις μὲ τὴν ὁποίαν ἐδῶ ἐτράταραν τὸ γράμμα ὁποῦ ἔγραψεν ὁ μινίστρος του, ἠμποροῦν νὰ ἀλλάξουν τὰς εἰρηνικὰς ῥοπὰς τοῦ μ. Ἀλκούδια. Διάφοροι ἰγγινιέροι Ἱσπανοὶ ἐστάλθησαν εἰς Μινόρκαν διὰ νὰ ἐξετάσουν τὰ ὀχυρώματα τοῦ κάστρου Σάντο Φίλιππο, καὶ ἄλλα ἀμελημένα τειχόκαστρα, τὰ ὁποῖα μεγάλως ἠμποροῦν νὰ χρησιμεύσουν τοὺς Φραντζέζους ἐν καιρῷ πολέμου, καθὼς καὶ ἡ Σαρδινία ὅπου, θέτοντες ἕνα μικρὸν στόλον μεταξὺ τῶν δύω καναλίων, ἠμποροῦν νὰ θαλασσοκρατήσουν εἰς τὴν Μεσόγειον, καὶ νὰ διακόψουν τὴν ναυπορίαν εἰς τοὺς Ἱσπανοὺς καὶ Ἰγγλέζους. Διὰ τοῦτο προσμένομεν μετ' οὐ πολὺ τὴν ἅλωσιν αὐτῆς τῆς νήσου παρὰ τοῦ ὑπὸ Τρουγκὲ στόλου, ὁ ὁποῖος διευθύνθη κατ' αὐτῆς, καθὼς συμφώνως ὅλα τὰ ἀπὸ μεσημβρίας γράμματα μᾶς τὸ μανθάνουν.

Ἠξεύρεις ὅτι ἡ Ρουσία πρὸ καιροῦ ἐζητοῦσε νὰ συνδεθῇ διὰ συνθήκης μετὰ τῆς Ἱσπανίας· ἀφ' οὗ ὅμως ἀνεχώρησεν ἀπὸ Μαδρίτου ὁ κόντε δὲ Ζινοβιέφ πρὸ ἑνὸς ἥμισυ μηνός, πολλοὶ ἐσυλλογίσθηκαν ὅτι αὐτὸς ὁ σκοπὸς τῆς αὐλῆς τῆς Πετρουπόλεως ἀμελήθη· τώρα ὅμως μανθάνω ὅτι προσμένουν εἰς Μαδρίτο ἕνα νέον πρέσβυν ἐξτραορδινάριον Ροῦσον, διὰ νὰ ἐπαναλάβῃ τὰ περὶ τούτου πραγματείας, καὶ ὅτι ὁ ῥηθεὶς Ζινοβιέφ, ἐπιστρέφοντας εἰς Ρουσίαν, ἐπέρασεν ἀπὸ Νεαπόλεως· διὰ νὰ πιάσῃ τὸν σφυγμὸν τοῦ ἐκεῖσε βασιλέως, ἂν στέργῃ νὰ ἔμβῃ εἰς αὐτὴν τὴν συνθήκην, τῆς ὁποίας τὰ ἄρθρα εἶναι μυστικώτατα.

Κατὰ τὰ ἀπὸ Ὁλλάνδας γράμματα, ὁ σκοπὸς τῆς διοικήσεως εἶναι νὰ συνάψῃ τὰ στρατεύματα τῆς Ρεπούπλικας εἰς τὰ ἔνδω τῶν ἐπαρχιῶν Ὁλλάνδας καὶ Οὐτρὲχ, καὶ ὅτι πολλὰ ῥεγιμέντα διευθύνονται εἰς Ἀργέμ, ἀπομακρυνόμενον ἀπὸ τὸν τόπον ὀνομαζόμενον τῆς Γενεραλιτᾶς, ὅπερ ἐστὶ ἐν μέρος τῆς Φλάνδρας, ὑπὸ τῆς ἡγεμονίας τῶν Στάτων Γενεράλων· ὁμοίως καὶ τὰ εἰς Μαστρὶχ καὶ Βενλὸ ἔλαβον ὀρδινίαν νὰ ἔμβουν εἰς τὰ ἔνδω τῆς Ὁλλάνδας, ὅπου τοιούτῳ τρόπῳ ὅλαι αἱ δυνάμεις νὰ εὑρεθοῦν εἰς ἕνα κοινὸν κέντρον, εἰ χρεία ἀντιμαχίας· ἡ φρουρὰ τοῦ Πάτς ἐδέχθη ἓν μέρος τῶν στρατιωτῶν ὁποῦ ἦσαν

Lettres de Stamaty.

εἰς Πὲργ-ὸπ-Ζόου., καὶ φαίνεται ὅτι οἱ Ὁλλανδέζοι ἔχουν κατὰ νοῦν νὰ ἀντισταθοῦν εἰς τὸ πέρασμα τοῦ Ἐσκώ, ἂν μία νέα ἐσκάδρα Φραντζέζικη θελήση νὰ ἔμβῃ εἰς Ἀνβέρ· σήμερον μάλιστα εἶδα ἓν γράμμα ἀπὸ Φλεσσίγκ ἀπὸ πρώτης Ἰανουαρίου, τὸ ὁποῖον δηλοποιεῖ ὅτι μία μικρὰ ἐσκάδρα ὑπὸ τοῦ καπετάνου Μουράϊ ἔρριξε σίδηρον εἰς τὰς ὄχθας αὐτῆς τῆς πόλεως· αὐτὴ ὁποῦ εὐγῆκεν ἀπὸ Δεάλι εἶναι συνθεμένη ἀπὸ τὰ ἀκόλουθα καράβια: *l'Assistance*, 50 canons, montée par le commodore Murray, *l'Iphigénie* et la *Sirène*, de 32 canons, la *Némésis* et la *Circé*, de 28, la *Bonneta* et la *Rattle-snake*.

Μία ἄλλη ἐσκάδρα Ὁλλανδέζικη συνθέτεται εἰς τοὺς λιμένας τῆς Ζελάνδας, ἐπὶ διπλῷ σκοπῷ τοῦ νὰ βοηθήσῃ, εἰ χρεία, τοὺς Ἄγγλους, καὶ νὰ ὑπερασπισθῇ τοὺς λιμένας τῆς Ζελάνδας.

Ἐν τοσούτῳ οἱ μινίστροι τῆς Ἰγγλιτέρας, καὶ μάλιστα ὁ περιβόητος Πίτ, τὸν ὁποῖον ποτὲ ὁ Μιραπὸ ἐσυνήθιζε νὰ ὀνομάσῃ le ministre des préparatifs, μ' ὅλον ὁποῦ εἰς τὸ φαινόμενον διὰ νὰ δοκιμάσουν τὰς διαθέσεις τοῦ ἔθνους, κλίνει εἰς τὸν πόλεμον· τὸν φοβᾶται ὅμως γνωρίζοντας τὰς δυνάμεις τῶν ἐχθρῶν, τοὺς ὀπαδοὺς τῆς νέας διδασκαλίας (τῶν ὁποίων ὁ ἀριθμὸς εἶναι παμμεγέθης εἰς Ἰγγλιτέραν, καὶ μάλιστα εἰς Σκωτίαν καὶ Ἰρλάνδαν), καὶ τὴν ἐνέργειαν ἑνὸς ἔθνους, τὸ ὁποῖον μὲ ὅλον ὁποῦ ἀσθενεῖ τὰ μέγιστα εἰς τὰ ἔνδον, ἔχει τὴν αὐστηρότητα τῶν δυνάμεων, ὁποῦ δίδει ὁ παροξυσμὸς εἰς τὸν ὑπέρτατον βαθμὸν τῆς θέρμης του. Φοβᾶται μήπως ἡ Ρεπούπλικα τῆς Φράντζας, κατὰ μίμησιν τῆς Ρώμης, ἐνδυναμωθῇ μεταξὺ εἰς τοὺς θορύβους, τὰς ἐμφυλίους διχονοίας, καὶ τῶν κατὰ τῶν ξένων καὶ πέριξ πολέμων, καὶ ἀμελοῦσα τὸν εἰς τὰ ἔνδον ὀργανισμόν της, προσηλώσῃ ὅλην της τὴν προσοχὴν εἰς τὸ νὰ ἐξαπλωθῇ, ἢ νὰ σκεπάσῃ ὅλην τὴν Εὐρώπην. Διὰ τοῦτο, καθὼς μανθάνω ἀπὸ βέβαιον μέρος, ἰδοὺ εἰς ποίας βάσεις ἀπὸ κομπρέσο ἠμπορεῖ νὰ στέρξῃ τὴν εἰρήνην. Ὁ κατωτέρω σκοπὸς τῆς συνθήκης σὲ εἰδοποιῶ ὅτι ἐφάνη εἰς μίαν γαζέταν Ἀγγλικὴν τοῦ Κὲντ, μ' ὅλον τοῦτο δὲν ἔχει ὀλιγωτέραν αὐθεντείαν, καθὼς μὲ τὸ ἐβεβαίωσε ἕνας διπλωματικός, ὅστις μὲ μανθάνει ὅτι ἡ πραγματεία ἀνεώχθη ἐπάνω εἰς αὐτὰ τὰ ἄρθρα.

Ἡ Ἀγγλιτέρα καὶ ἡ Ἰσπανία θέλουν μεσιτεύσει μεταξὺ τῆς Φράντζας καὶ τῶν συμμάχων, θέλουν ἀναγνωρίσει τὴν Ῥεπούπλικαν τῆς Φράντζας ἐπὶ ταῖς κατωτέρω συμφωνίαις· 1ο Ἡ Ῥεπούπλικα θέλει παραιτήσει τὴν ναυπορίαν τοῦ Ἐσκὺ, καὶ κάθε σκοπὸν ἐπάνω εἰς τὴν Ὁλλάνδαν· 2ο θέλει δώσει τὴν ἄδειαν εἰς τοὺς Πουρπόνους νὰ τραβιχθοῦν μετὰ τὴν εἰρήνην καὶ θέλει τοῖς διορίσει μίαν ἁρμόδιον ζωοτροφίαν· 3ο θέλει ἀλλάξει κατά τι τὰ περὶ τῶν φυγάδων δόγματα, ὑπὲρ ὧν δὲν ἀρματώθησαν κατὰ τῆς πατρίδος, καὶ ὑπὲρ τῶν γυναικῶν των, ὁμοίως θέλει πληρώσει ἕνα λουφὲ εἰς τοὺς παπάδες ἐξορίστους· 4ο τὰ στρατεύματα τῆς Φράντζας θέλουν ἀφήσει τὴν Βελγικὴν, τὸν τόπον τοῦ Λιὲξ, τὸ ἐλεκτωράτον τῆς Μαγέντζας, τὴν Σαβοή, καὶ τὸ κοντάτο τῆς Νίσας· ὅμως αὐτοὶ οἱ τόποι, πρὶν νὰ ἐπανέλθουν ὑπὸ τὴν ἐπικράτειαν τῶν ἡγεμόνων ὁποῦ τοὺς διοικοῦσιν, θέλουν κάμει εἰς τὰς πολιτείας των τὰς μεταβολὰς ὁποῦ κρίνουν ἀναγκαίας, τὰς ὁποίας θέλει τὰς ἐγγυηθῇ ἡ Ῥεπούπλικα τῆς Φράντζας· 5ο ἡ Ῥεπούπλικα θέλει φυλάξει Ἀβιγνὸν καὶ τὸ κοντάτο, δίδουσα ὅμως εἰς τὸν Πάπα ἀνταλλαγάς· 6ο ὁ Ἰμπεράτωρ θέλει μεσιτεύσει διὰ τῆς ἡγεμονίας του ὁποῦ οἱ πρίγκιπες, ὁποῦ ἔχουν ὑποστατικὰ εἰς Λοραίναν καὶ Ἀλζὰς, νὰ δεχθοῦν τὰς ἀντιπληρωμὰς ὁποῦ θέλει τοῖς προσφέρει τὸ ἔθνος· 7ο ὅλαι αἱ συνθῆκαι ὁποῦ ὑπῆρχον πρὶν τοῦ πολέμου μεταξὺ τῆς Φράντζας καὶ τῶν συμμάχων καὶ τῶν μεσιτευουσῶν δυνάμεων θέλουν διακοπῇ καὶ θέλουν μεταβληθῇ καὶ ἀνανεωθῇ.

Ἰδοὺ τὰ πρωτεύοντα ἄρθρα ἐπάνω εἰς τὰ ὁποῖα ἠμπορεῖ νὰ θεμελιώσῃ ἡ Ἰγγλιτέρα μίαν μεσιτείαν· ἐν τοσούτῳ ὁ μινίστρος πάσχει νὰ δώσῃ κάθε ἄδικον εἰς τὴν Φράντζαν, ὁποῦ νὰ τὴν βιάσῃ νὰ κτυπήσῃ πρώτη, εἰ δυνατὸν, τὴν Ἰγγλιτέραν, τὸ ὁποῖον ἠμπορεῖ νὰ ἐγγίζῃ τὴν ζηλοτυπίαν τῶν Ἄγγλων· διὰ τοῦτο ἐν ᾧ δεικνύει τὴν μεγαλειτέραν ψυχρότητα, μήτε θέλουσα εἰς τὸ φαινόμενον νὰ τρατάρῃ μαζί μας, ἀπὸ τὸ ἕνα μέρος στέλλει κρυφίους ἀγέντιδες ἐδῶ· καὶ ἀπὸ τὸ ἄλλο, ἐμποδίζει βάζοντας ἕνα εἶδος ἀμπάρκο εἰς καράβια ὁποῦ ἦσαν διωρισμένα νὰ μεταφέρουν εἰς Φράντζαν τὰ σιτάρια ἀπὸ Ἰρλάνδας καὶ Ἀγγλίας, καθὼς θέλεις τὸ ἰδεῖ μέσα εἰς τὴν γαζέταν εἰς ἕνα γράμμα τοῦ μινίστρου. Δὲν ἠξεύρω τί ἠμπορῶ νὰ συμπεράνω ἀπὸ ὅλα αὐτὰ, ἀφίνω μόνον εἰς τὴν εὐφυΐαν σου νὰ κρίνῃς τὰ ἀποβησόμενα. Ἡ Ἰρλάνδα δὲν εἶναι παντελῶς ἥσυχος, κατὰ τοῦτο ἠμπορῶ νὰ σὲ βεβαιώσω, ἡ Σκωτιὰ τὸ ἴδιο εὑρίσκεται εἰς μίαν ταραχὴν κρυφήν, ἡ ὁποία ἠμπορεῖ νὰ βάλῃ κάποια ἐμπόδια εἰς τὴν ἐκτέλεσιν τῶν σκοπῶν τοῦ μινίστρου. Ἔπειτα τὰ ἄσπρα καὶ οἱ πρόσοδοι τῆς Ἀγγλίας εἶναι εἰς μίαν λυπηρὰν κατάστασιν, ἕνας πόλεμος τριῶν μηνῶν θέλει τὴν ἀφανίσει, εἰς καιρὸν ὁποῦ τὸ χαρτὶ τῆς Φράντζας δὲν ἔχει τέλος· ἔπειτα τὰ γεννήματα, ἡ ἔκτασις τῶν δύο τόπων, ὅτι καὶ ἂν ὑποθέσῃς· συνομωσία ὅλων τῶν Εὐρωπαϊκῶν δυνάμεων, ἐμφύλιοι πόλεμοι, ἀκαταστασίαι ἐνδόμυχοι, καμμία δυστυχία, ἐν ἑνὶ λόγῳ, δὲν θέλει μεταβάλει τὴν πολιτείαν τῆς Φράντζας, πρῶτον ὅτι σχεδὸν ὅλοι οἱ ἄνθρωποι ἐδῶ ἐκ καρδίας εὑρίσκουν ἄτοπον τὸ κράτος τῆς προλήψεως, δεύτερον ὅτι τὸ περισσότερον μέρος ἔχει ἰντερέσσο ἄμεσο εἰς τὸ νέον σύστημα· ἕνας συμμαθητής μου ἀπὸ Πόλιν κᾶν μὲ ἔλεγε, ἀναχωρῶντας διὰ τὰ σύνορα, ὅτι εἰς τοὺς 750 στρατιώτας ὁποῦ συνθέτουν τὸν λεγεῶνά του δὲν εἶναι τρεῖς ὁποῦ δὲν ἀγόρασαν ὑποστατικὰ παπάδων ἢ εὐγενῶν, καὶ ἀκολούθως εἶναι ἀποφασισμένοι νὰ κατακομματιασθοῦν ὅλοι μᾶλλον ἢ νὰ ὑποφέρουν τὴν ἣν ὀνομάζουν κοντρερεβολουσιόνε, ἡ ὁποία ἠμπορεῖ νὰ ἀφανίσῃ τὰς φαμιλίας των· ὅλο τὸ ἐθνικὸν στράτευμα ὑπὲρ τοὺς 600 χιλ. ἀνθρώπους ἔχουν τὸ αὐτὸ ἰντερέσσο. Λοιπὸν οἱ ἐχθροὶ ἂς προσμένουν ἀπὸ αὐτὸ τὸ ἔθνος μίαν ἐπιστροφὴν εἰς τὴν παλαιὰν διοίκησιν!

Τέλος πάντων χθὲς τὸ βράδυ ἔφθασεν ἡ ἀπόκρισις τοῦ Βριταννικοῦ μινιστερίου, ἡ ὁποία, ἄγκαλα καὶ ἀσαφὴς καὶ λοξὴ κατὰ τὴν συνήθειαν τῶν καπινέτων, δὲν δεικνύει ὀλιγώτερον ὅτι ὁ πόλεμος καταντᾷ ἄφευκτος. Ὁ μινίστρος τῶν ξένων ὑποθέσεων ἔδωκε κοινολογίαν δύο γραμμάτων ἀξιολογωτάτων ἐξ ἐπαγγέλματος, τὰ ὁποῖα θέλω σοὶ τὰ στείλει τὴν ἐρχομένην ἑβδομάδα. Τὸ πρῶτον εἶναι μία νότα τοῦ Λὸρδ Γκρανβὶλ πρὸς ἀπόκρισιν τοῦ πιττακίου τοῦ Σοβελέν, μινίστρου μας εἰς Λόνδραν. Αὐτὴ ἡ νότα εἶναι ἀπὸ 13 Δεκεμβρίου. Ὁ Λὸρδ Γκρανβὶλ, ἀφ' οὗ ἐφανέρωσε τῷ Σοβελὲν ὅτι δὲν ἠμπορεῖ ἀκόμη νὰ ἀναγνωρίσῃ εἰς αὐτὸν τὴν ἀξίαν τοῦ μινίστρου τῆς Ῥεπούπλικας τῆς Φράντζας, ὁποῦ λαμβάνει μέσα εἰς τὸ ἀπομνημόνευμά του, ἐπρόσθεσε ὅτι δίδει μίαν ἀπόκρισιν σύντομον καὶ σαφεστάτην. Τὸ δεκρέτο τῆς 17 Νοεμβρίου (ὑπὲρ τῶν ἐθνῶν ἐν ἀποστασίᾳ) εἶναι ἐπιτήδειον νὰ διεγείρῃ ταραχὰς εἰς τὰ ἔθνη. Τὸ ἄνοιγμα τοῦ Ἐσκὼ εἶναι μία παρασπονδή. Ἡ Ἀγγλιτέρα ζητᾷ ὁποῦ οἱ σύμμαχοί της νὰ ἦναι ἀπείρακτοι, ἐπιθυμᾷ τὴν εἰρήνην, ὅμως μίαν εἰρήνην στερεὰν καὶ ἀληθῆ· δὲν στέργει νὰ ἀποκριθῇ εἰς τὸν φοβερισμὸν ὁποῦ κάμνουν οἱ μινίστροι τῆς Φράντζας, οἱ ὁποῖοι ἐφανέρωσε ὅτι θέλουν ἀνακαλέσει εἰς τὸν λαὸν (appel au peuple anglais). Αὐτὸς ὁ λαὸς δὲν ἀνταποκρίνεται μετὰ τῶν ξένων παρὰ διὰ τοῦ ὀργάνου τοῦ βασιλέως του, τὸν ὁποῖον ἀγαπᾷ καὶ σέβεται.

Τὸ ἄλλο γράμμα εἶναι μία ἀπόφασις τῆς (1) ἐκτελεστικῆς βουλῆς τῆς Φράντζας κατὰ τὴν 7 τοῦ τρέχοντος· ἀποκρίνεται εἰς τὸ Βριταννικὸν μινιστέριον ὅτι ἡ Ἐγγλιτέρα ἠμπορεῖ νὰ τρατάρῃ μετὰ τῆς Βελγικῆς ἐλευθέρως περὶ τοῦ ἀνοίγματος τοῦ ποταμοῦ Ἐσκὼ, ὅτι ἡ Φράντζα εἶναι πρόθυμος νὰ εὐλαβηθῇ τὸ αὐτόνομον τῆς Βελγικῆς· ὅτι, ἂν ἡ Ἐγγλιτέρα δὲν παύσῃ τὰς ἑτοιμασίας της, οἱ Φραντζέζοι θέλουν ἀποφασισθῇ εἰς αὐτὸν τὸν πόλεμον μὲ ὅλην τὴν συναίσθησιν τοῦ δικαίου τῆς αἰτίας των, θέλουν πολεμήσει τοὺς Ἐγγλέζους, ὁποῦ στιμάρουν, μὲ λύπην, θέλουν ὅμως τοὺς πολεμήσει χωρὶς φόβον. Ἰδοὺ τὸ περιέχον συνοπτικῶς ὅσον ἠμπόρεσα νὰ ἀκούσω χθὲς περὶ αὐτῶν τῶν δύο γραμμάτων. Ἕν μέλος ὅμως χθὲς ὀνομαζόμενον Πρισὸτ ἔκαμε μίαν ἀναφορὰν περὶ τῶν τῆς Ἰγγλιτέρας· εἶπεν ὅτι οἱ Ἄγγλοι ἠπατήθησαν παρὰ τῶν μινίστρων των, δὲν θέλουν ὅμως ἀργήσει νὰ φωτισθοῦν· ὅτι αἱ συνθῆκαι ὁποῦ ὑποδουλεύουν τὴν Ὁλλάνδαν εἰς τὰς αὐλὰς τοῦ Σὲν Τζὰμ καὶ Περλινίου δὲν πρέπει νὰ ἔχουν διὰ ἡμᾶς κανένα εἶδος εὐλαβείας· ἔπειτα ἀπέδειξεν ὅτι ὁ πόλεμος θέλει βλάψει περισσότερον τὴν Ἐγγλιτέραν, τόσον ἐπειδὴ καὶ τὸ χρέος της δὲν ἔχει καμμίαν ὑποθήκην, ὡσὰν τὸ ἐδικόν μας, ὅσον μὲ τὸ νὰ ἠμπορῇ νὰ τὴν κάμῃ νὰ χάσῃ τὰς πολυτιματέρας (2) τῆς ἐλπίδας, τὴν Κομπανίαν τῆς τῶν Ἰνδιῶν (3), τὴν Ἀσίαν, ἡ ὁποία δὲν ὑποφέρει τὴν τυραννίαν της, καὶ τοὺς συμμάχους της εἰς τὴν Εὐρώπην, τοὺς ὁποίους καταθλίβει μὲ τὸ μονοπωλεῖον της. Ὕστερα ἡ Φράντζα θέλει ἐλευθερωθῇ ἀπὸ μίαν αἰσχρὰν συνθήκην, ἡ ὁποία ἀφανίζει τὸ ἐμπόριόν της πρὸς ὠφέλειαν τῶν Ἐγγλέζων. Ἀκολούθως, ἀφ' οὗ ἀπέδειξεν ὅτι αὐτὸς ὁ

(1) Le texte porte τοῦ.
(2) Texte : πολυτιμωτέρους.
(3) Texte : ἴδων.

πόλεμος δὲν εἶναι ἐπικίνδυνος, ἐπρόβαλε ἓν δόγμα τὸ ὁποῖον δίδει προσταγὴν εἰς τὴν ἐκτελεστικὴν βουλὴν νὰ ζητήσῃ ἀπὸ τὴν Ἐγγλιτέραν τὸ παύσιμον τῶν ἑτοιμασιῶν, τὴν ἀκύρωσιν τοῦ πίλλ ἐναντίον τῶν Φραντζέζων καὶ τῶν ἀσσιγνάτων, καὶ τὴν ἐπιδιόρθωσιν τῆς παρασπονδῆς τῆς Ἐγγλιτέρας, βάζουσα τὸ ἐμπάργο εἰς τὰ καράβια φορτωμένα σιτάρι διὰ τὴν Φράντζαν.

Ἡ Ἐθνικὴ Σύνοδος ἔδωκε προσταγὴν νὰ τυπωθῇ αὐτὸς ὁ λόγος, δὲν ἀπεφάσισεν ὅμως μέχρι τοῦδε τίποτε.

Αὔριον θέλουν ἐπαναλάβει τὴν κρίσιν τοῦ Λουδοβίκου, ὅστις φυλάττει μὲ ἀνυπομονησίαν τὴν ἀπόφασιν τῆς ζωῆς του· αὐτὴν τὴν ἑβδομάδα χωρὶς ἄλλο θέλει λάβει τέλος αὐτὴ ἡ ὑπόθεσις. Ἐν τοσούτῳ τὰ πνεύματα ἐδῶ εἶναι εἰς μεγάλην ταραχήν· δύο φατρίαι, ἡ μὲν ὑπὸ τοῦ ὀνόματος τῶν μετρίων, ἡ δὲ ὑπὸ τοῦ τῶν λυσσιαζομένων, εἶναι εἰς μίαν διηνεκῆ διχόνοιαν. Χθὲς εἰς τὸ θέατρον, ὁποῦ παῤῥησιάζεται μία νέα κωμῳδία ἐπονομαζομένη « Ὁ Φίλος τῶν νόμων », ἠκολούθησε μία τοιαύτη ταραχή, ὁποῦ ἐκόντευσε νὰ γίνῃ αἱματοχυσία· μὲ ὅλας ὅμως τὰς ἀντιστάσεις τῶν κακούργων, οἱ καλοὶ κἀγαθοὶ ἄνδρες ἐνίκησαν, καὶ ἡ ἠθικὴ κωμῳδία ἐπαίχθη πρὸς εὐχαρίστησίν μας. Αὗται αἱ διαφοραὶ εἶναι ἄφευκτα στοιχεῖα τῆς δημοτικῆς πολιτείας, τρέφουν ὅμως τὴν ἐνέργειαν τῶν ψυχῶν, καὶ ὑψώνουν τὸν νοῦν· καί, μὲ ὅλα τὰ ἐλαττώματα τῆς δημοκρατίας τῶν Ἀθηνῶν, ποῖοι δοῦλοι τοῦ βασιλέως τῆς Περσίας, ποῖος Σατράπης ἦτον σύγκριτος μὲ τὸν ἔσχατον Ἀθηναῖον; Σοὶ ἀντιγράφω ἓν γράμμα, ὁποῦ ἔγραψεν ἡ πόλις τῆς Μασσιλίας τῇ Ἐθνικῇ Συνόδῳ, περίεργον διὰ τὸν λακωνισμόν του, καὶ διὰ τὸ ἐνεργητικὸν καὶ ἀληθὲς τῶν ἐκφράσεων:

« Les Prussiens évanouis, l'Autrichien terrassé, l'Anglais
« attentif, l'Espagnol tremblant, le Français vainqueur,
« tel est le tableau qui se présente à nos yeux. Surveillez
« les factieux, marchez à grands pas dans la carrière que
« vous avez à parcourir, immolons le Tyran, et la Répu-
« blique est sauvée. »

Ἡ Ἐθνικὴ Σύνοδος εἶχε κάμει κάποια δεκρέτα, κατὰ τὴν 13 καὶ 17 Δεκεμβρίου, περὶ τῶν ἐπαρχιῶν τῆς Βελγικῆς, τὰ ὁποῖα δὲν ἀρέσκουν μὲ τὴν ὁλότητα τοὺς Βέλγας, ὡσὰν ὁποῦ τοὺς ὑποτάττουν εἰς τὸ αὐτοδέσποτον τῶν ὀρφικιάλων· ὁ γ. Δουμουριὲ ἐφανέρωσεν ὅτι, ἂν δὲν ἀκυρωθοῦν αὐτὰ τὰ δεκρέτα, θέλει παραιτήσει τὴν ἀρχιστρατηγίαν του. Ἡ Ἐθνικὴ ὅμως Σύνοδος ἐπιμένει, καὶ αὐτὸ τὸ πνεῦμα ἠμπορεῖ νὰ διεγείρῃ τοὺς Βέλγας κατὰ τῶν Φραντζέζων, τῶν ὁποίων αἱ ἀρχαὶ δὲν ἐπιδίδουν ἀκόμη, καθὼς ἐλπίζομεν, εἰς ἐκεῖνο τὸ ἔθνος διοικούμενον ἀπὸ τὴν δεισιδαιμονίαν καὶ τὴν ἀμάθειαν τῶν καθολικῶν παπάδων.

Ἔμαθα χθὲς, δὲν σὲ τὸ βεβαιώνω ὅμως, ὅτι ἐδωρίσθη εἰς Κωνσταντινούπολιν, ἀντὶ τοῦ Σεμονδίλλ, ὁ μ. Δεχορς, ὁποῦ ἦτον εἰς Λεγίαν, ὡσὰν ὁποῦ εὑρέθησαν μερικὰ χαρτία εἰς τὸ παλάτι, μέσα εἰς τὰ ὁποῖα εἶδον ὅτι ὁ Σεμονδίλλ ἦτον ἀνακατωμένος· ἀκόμη ὅμως δὲν εἶναι βέβαιον ἂν τοῦτο ᾖναι ἀληθές. Ὁ Τιλλὶ ἀκόμη δὲν ἐκίνησε, καὶ δὲν ἠξεύρω τί προσμένει. Ὁ ταπάκος θέλει σοὶ σταλθῇ μετ᾽ ἐκείνου. Οἱ μαραγκοὶ καὶ τζιλιγγίριδες θέλουν κινήσει ἀπὸ Τουλὸν, καθὼς σοὶ προέγραφον, μετὰ τοῦ ναυπηγοῦ Λεπροὺν· πότε ὅμως, δὲν ἠξεύρω.

Ὁ Μαμάρας εἰς τὸ περασμένο μὲ ἔγραψε ὅτι τὸν ἐτράβιξες 207 φιορίνια, τὰ ὁποῖα ἔχει σκοπὸν νὰ μοὶ τὰ στείλῃ ἀμέσως. Τώρα εἶναι 15 ἡμέραις, καὶ μήτε εἶναι φωνὴ μηδὲ ἀκρόασις· δὲν σοὶ τὸ γράφω διὰ νὰ παραπονεθῶ, ἐπειδὴ γνωρίζω τὴν ὑπὲρ ἐμοῦ φιλίαν σου. Ὡμολόγησε ὅμως ὅτι εἶναι ἕνα λυπηρὸν πεπρωμένον διὰ ἐμένα ὁποῦ, ἔξω ἀπὸ 600 λίτραις ὁποῦ μὲ ἔστειλε κατ᾽ ἀρχὰς ὁ Ῥούστης, δὲν ἔλαβον, εἶναι τέσσερεις μῆνες, παρὰ ἀπὸ κανένα· δὲν εἶναι ζητιανιὰ τοῦτο, ἀλλὰ μία ἁπλῆ παρατήρησις. Ἐλπίζω εἰς τὸ ἑξῆς, χάρις τῇ ἐπιμελείᾳ της καὶ τῇ πρὸς ἐμὲ εὐνοίᾳ της, ὅτι θέλεις μὲ βάλει εἰς κατάστασιν νὰ σὲ δουλεύω μὲ μεγαλειτέραν θέρμην. Ἐγὼ σοὶ ἔγραψα ὅτι ποτὲ δὲν θέλω τραβίξει πόλιτζαν, ὅτι μοὶ στείλῃ ὁ Μαμάρας καὶ ὁ Ῥούστης τὰ δέχομαι· προσμένω ἤδη λοιπὸν παρὰ τοῦ Μαμάρα 207 φ., παρὰ τοῦ Ῥούστη 150 fr., τὸ μηνιάτικόν μου, ἔπειτα παρὰ σοῦ τὰ ἅπερ μοὶ ὑπεσχέθης αἰβασιλιάτικα, καὶ τὰ τοῦ πατρός μου πέντε μηνιαῖα ἀπὸ πρώτης Νοεμβρίου μέχρι τέλους Μαρτίου, τὰ ὁποῖα ὅλα αὐτὰ θέλουν διορθώσει κομμάτι τὴν πτωχείαν μου.

Μένω διὰ βίου, κ. τ. λ.

Ἡ ἀνωτέρω ἐν σκοπῷ συνθήκη, βλέπω αὐτὴν τὴν στιγμὴν ὅτι

δεμαντίῤῥεται ἀπὸ τὴν γαζέταν τῶν μινίστρων, καθὼς τὸ διάβασεν ὁ ἴδιος εἰς τὸ σημερινὸ νούμερο. Ἐγὼ λοιπὸν δὲν εἶμαι πταίστης γράφωντάς το, ἐπειδὴ τῇ ἀληθείᾳ μὲ τὸ ἐβεβαίωσαν ἄνθρωποι ἀξιόλογοι· οἱ μινίστροι ὅμως ηὖραν εὔλογον νὰ τὸ ἀντιρέσουν, φοβούμενοι τὰ ἑπόμενα τοιαύτης φήμης.

Καὶ αὖθις, διατί δὲν ἔλαβα ἀπόκρισιν εἰς τὸ εὐχαριστητικὸν γράμμα ὁποῦ ἔγραψα τῷ Ὕψει του; Μὴ μὲ ἀφήσῃς εἰς ἀδημονίαν.

---

15 Ἰανουαρίου 1793, Παρίσι.

Νο Δ.

Κατὰ λάθος ἀπόμεινε ἕν νούμερο τῆς γαζέτας, τὸ ὁποῖον σοὶ τὸ περικλείω· μέσα εἰς τὴν χθεσινὴν θέλεις εὕρει τὴν ἀπόκρισιν τοῦ Λὸρδ Γκρανδὶλ, ὁμοίως καὶ τὴν τοῦ Σοβελὲν καὶ τῆς ἐκτελεστικῆς βουλῆς· ἐν ἑνὶ λόγῳ ὁ πόλεμος εἶναι ἄφευκτος μετὰ τῆς Ἐγγλιτέρας. Χθὲς τὸ βράδυ, ὁ μινίστρος τῆς ναυτικῆς ἔστειλεν ἕν γράμμα τοῦ Τεβενάρ, κομμανδάντες εἰς Πρέσταν, ὁ ὁποῖος δίδει εἴδησιν ὅτι μερικὰ κούττερ ἀγγλέζικα περιέρχονται εἰς τὰ παράλια τοῦ Φινιστὲρ, καὶ ὅτι πολλὰ καράβια ὕποπτα πλησιάζουν κοντὰ εἰς τὸν λιμένα, καὶ ἀκολούθως ἔδωσε προσταγὴν ὁποῦ μερικαὶ φρεγάται νὰ ἐτοιμασθοῦν, ὁμοίως εἰς τοὺς κανονιέρας νὰ εὑρεθοῦν κοντὰ εἰς τὰ κανόνιά των, καὶ νὰ περιδιαβάζουν τὴν νύκτα μὲ περισσοτέραν ἐπιμέλειαν.

Κατὰ τὰ ἀπὸ Λόνδρας γράμματα, ὁ καπετάνος ὁποῦ ἐπλησίασε τοῦ λιμένος τῆς Πρέστας ὀνομάζεται Παρλόβ, ἐπάνω εἰς τὸ σλοὺπ Σιλδὲρ, τὸ ὁποῖον ἐλάφθη ἀπὸ τὸ κανόνι τῆς πατερίας τῆς Πρέστας, πλήν, ἔχον τὸν ἀέρα, ἀνεχώρησεν εὐκόλως.

Οἱ Φραντζέζοι συναθροίζουν τὰς δυνάμεις των κοντὰ εἰς Μαστρίχ, καὶ μεταφέρουν τὴν χονδρὴν ἀρτιλερίαν τῆς πολιορκίας· εἶναι βέβαιον ὅτι εἰς τὸ πρῶτον τόπι τῆς Ἰγγλιτέρας κατὰ τῆς Φράντζας, τὸ περισσότερον μέρος τοῦ εἰς Βελγικὴν στρατεύματος θέλει χυθῇ ἀπάνω εἰς τὴν Ὁλλάνδα.

Αἱ προσταγαὶ ἐδόθησαν ὁποῦ νὰ ἀρματωθοῦν 50 καράβια τῆς λίνεας, καὶ νὰ ἑτοιμασθοῦν ἔτι 25.

Χθὲς ἄρχισεν ἡ διαβουλία περὶ τῆς κρίσεως τοῦ Λουδοβίκου, καθὼς θέλεις τὸ ἰδεῖ μέσα εἰς τὴν γαζέταν.

Ὁ Ῥούστης μὲ ἔστειλε χθὲς μίαν πόλιτζαν 558 λιτρῶν, γράφωντάς με ἐν ταυτῷ ὅτι εἰς τὸ ἑξῆς νὰ μὴν τὸν διριτζάρω γράμματα ὁποῦ τρατάρονται ὑποθέσεις πολιτικαί· φαίνεται ὅτι εἶναι κίνδυνος διὰ αὐτοὺς τοὺς ἀνθρώπους εἰς ἐκεῖνον τὸν τόπον. Διὰ τοῦτο εἰς τὸ ἑξῆς τὰς γαζέτας θέλω τὰς διριτζάρει, ὁμοίως καὶ τὰ γράμματά μου, ἁπλῶς ὑπὸ τῶ ὀνόματί σου, ὡσὰν ὁποῦ βλέπω ὅτι σὲ φθάνουν ἀσφαλῶς. Ἐνίοτε θέλω σοὶ γράφει διὰ τοῦ Μανικάτη, ἀφ' οὗ ὅμως πληροφορηθῶ ὅτι τρία ὁποῦ σοὶ ἔγραψα δι' αὐτοῦ σὲ ἔφθασαν. Προσμένω μὲ μίαν ἀνυπομονησίαν ἄκραν γράμματά σου, καὶ ἠξεύρεις τὸ διατί.

Εἰς τὸ ἑξῆς τρὶς τῆς ἑβδομάδος θέλω σοὶ γράφει, ἐπειδὴ ἐπληρώθην διὰ τὴν πόσταν, ἡ ὁποία μὲ κοστίζει 70 λίτραις τὸν μῆνα. Ἂν εἰς τὸ ἑξῆς μὲ ἀκολουθεῖται αὐτὴ ἡ πληρωμὴ παρὰ τοῦ μιν., σοὶ γράφω ἀφειδῶς, εἰδέμη ἐπαναλαμβάνω τὸν πρῶτόν μου λακωνισμὸν, διότι τὰ ὁποῦ μοὶ στέλλεις δὲν θέλουν ἀρκέσει.

Χαῖρε, φίλων μοὶ ἄριστε, καὶ ἀσπάσου τὸν πατέρα μου.

[*Sans date* (1).]

Ἀδελφὲ, ἔλαβα χθὲς τὸ ἀπὸ 8/19 Δεκεμβρίου περιπόθητον γράμμα σου, καὶ μεγάλως ἐπαίνεσα τὸ μεγαλοφυές σου, τὴν ὀξύνοιαν καὶ εὐφυΐαν ὁποῦ χαρακτηρίζουν τὸ σύστημα τῆς πολιτικῆς ὁποῦ ἀκολουθᾶς. Φοβοῦμαι ὅμως μήπως· ἡ φαντασία σου αὐξάνῃ πολλὰ τὴν ὑπεροχὴν τῶν μέσων τῆς Ἰγγλιτέρας καὶ μήπως αἱ ἰδέαι σου ἀκολουθοῦσαι αὐτὴν τὴν ἀρχὴν, ἡ ὁποία κατὰ τὸ φαινόμενον εἶναι ἀναντίῤῥητος, προξενήσουν κανένα λάθος εἰς τὴν πολιτικὴν ὁποῦ οἰκοδομεῖται· καὶ ἐπομένως πέσῃς εἰς τὸ ἴδιο σφάλμα, ἀπὸ τὸ ὁποῖον δὲν ἠμπόρεσε νὰ σὲ φυλάξῃ ὅλη σου ἡ βαθύνοια κατ' ἀρχὰς τοῦ παρόντος πολέμου, ὄχι μὲ τὸ νὰ μὴν ἐλογάριασες φιλοσοφικώτερον τὰ ἀκόλουθα τῶν παθημά-

---

(1) Cette lettre doit être insérée entre le 15 et le 18 janvier 1793.

των όπου κατεξουσιάζουν, κατά τους καιρούς των έμφυλίων καταστροφών, την καρδίαν των ανθρώπων και την υπεροχήν όπου πρέπει νά έχουν οί στρατιώται όπου πολεμούν ώς μάρτυρες, και μέ το νά έχουν ένα τρόπον του έννοείν έν έαυτοίς των ών τουφεκιάζονται διά έπτά κραϊτζάρια. Ιδού ή απάτη σου, την όποίαν δέν πρέπει νά την έκτείνης εις τό έξής εις τά όσα ήμπορούν νά άκολουθήσουν. Εγώ έπιμένω μέχρι τέλους εις αυτήν την γνώμην, ή όποία μήτε μέ άπάτησε, μήτε σέ άπάτησε μέχρι τούδε.

Αδελφέ, μέ κάμνεις έλέγχους, οί όποίοι μέ λυπούν τά μέγιστα· άμφιβάλλεις ότι, άν είχα ειδήσεις ασφαλείς από τά μεσημβρινά μέρη, ήθελα τάς άποσιωπήσει· τούτο ήθελεν είσθαι άτοπον· έγώ βλέπω εις την σύνοψιν των ών σοί έγραψα μέχρι τούδε ότι κανένα νέον άξιόλογον δέν μέ έλάνθανε μέχρι τούδε και άκολούθως σοί τό έγραψα ευθύς όπού τό έμαθα. Σύ όμως δέν άπεκρίθης εις τρόπον όπου άρχισας, μήτε εις την έλπίδα όπού συνέλαβον ότι θέλεις μέ βοηθήσει· τό ένα σου γράμμα δέν όμοιάζει μέ τό άλλο (ici deux lignes de chiffres)· εις τό δεύτερόν σου γράμμα, και τά άκόλουθα, μήτε άκολουθάς αυτήν την ίδέαν, μήτε πάσχεις νά μέ βάλης εις κατάστασιν νά την δώσω κάποιαν μορφήν, χωρίς νά στοχασθής ότι (chiffres) τά μέγιστα άφ' ού ύπεσχέθην την (chiffres). Λοιπόν καταγίνου εις αυτό όπου τοσάκις την έζήτησα, όπου άκολούθως ή δούλευσις του Υ[ψους] του και τής Πόρτας τέλος πάντων νά ώφεληθή άπό τον ζήλόν μας· άν κατορθώσης τό μεκτούπι όπου έζήτησα, ή δουλεία μας διπλώς θέλει λάβει τήν έφικτήν μορφήν. Παραίτησον τον τρόπον και τό ύφος τό μινιστεριάλε όπού μεταχειρίζεσαι, και στοχάσου ότι γράφεις εις ένα άδελφόν γνήσιον και όπού ύπερμαχεί ύπέρ σου, άνοιξέ με την καρδίαν σου και βάλε με εις κατάστασιν νά σέ δουλεύσω. Μήν άφίνης κανένα περίεργον κατά τό παρόν, και μάλιστα τά όσα άποβλέπουν τά τής Άγγλίας και τάς ίντρίγκας του εις Πόρταν μινίστρου της.

Ο Παρόν δέ Άραχόλτζ μοί άπεκρίθη άπό Χαμπούργ κατά την 28 Δεκεμβρίου· μοί έγραψε ότι ή κορρεσπ. μετά σού άρχισε· αυτός όμως ό ίδιος, διά τάς ένασχολήσεις του μήν ευκαιρών, έπιφορτώνει ένα τόν φίλον του μ. Lavatz, κονσιλιέρη του βα[σιλέως] τής Δανιμάρκας. Δέν ήξεύρω λοιπόν μέχρι τούδε πώς έσυμφώνησες μέχρι τοῦδε· μοὶ φαίνεται κομμάτι ἀκριβὸς, ὅμως εἰς τὰς παρούσας περιστάσεις σοὶ εἶναι ἄφευκτος, ὡσὰν ὁποῦ, ἂν ὁ πόλεμος μετὰ τῆς Ἰγγλιτέρας ἀποφασισθῇ, ἕνας κορρισπονδέντες εἰς Χαμποὺργ, λιμὴν (sic) κατὰ συνέχειαν φρεκβαντάτος ἀπὸ Ἐγγλέζικα καράβια, θέλει σὲ ὠφελήσει τὰ μέγιστα, ἔπειτα εἶναι κοντάτα εἰς τὰ στάτα τῆς Προυσίας, καὶ σχεδὸν εἰς τὸ κέντρον τῆς Εὐρώπης. Πρέπει νὰ μοὶ γράψῃς μὲ πρῶτον πῶς ἐδιορθώθης μαζί του.

Σημείωσε προσέτι ποῖοι εἶναι οἱ καθ' αὑτὸ φίλοι σου, καὶ πῶς ζῇς εἰς τὴν κούρτην· ἐν ταυτῷ ἂν ὁ πατήρ μου ἔχῃ κανένα ὀφφίκιον ἢ λουφὲν παρὰ τοῦ Ὕψους του.

Εἰς τὸ γράμμα σου μοὶ γράφεις ὅτι περιδιαβάζω εἰς τὸν παντζὲν· ποῦ ἐφαντάσθης τοῦτο; ἐγὼ δὲν γνωρίζω σχεδὸν ἄλλον παρὰ τὸν τῆς Βοτανικῆς· ἐγὼ καταγίνομαι ὅσον καὶ σύ· πρέπει ὅμως διὰ νὰ σοὶ γράψω νὰ τρέχω ἐδῶ καὶ ἐκεῖ καὶ ἀκολούθως δὲν οἰκουρῶ, καθὼς εἶσαι βιασμένος νὰ τὸ κάμῃς· πρόσεχε ὅμως, ἀδελφέ, εἰς τὰ τῆς ὑγιείας σου, ἐπειδὴ καὶ εἶσαι φιλάσθενος ἐξ αἰτίας τῶν ἀπείρων κόπων ὁποῦ ἔκαμες μέχρι τοῦδε. Ἂν τὰ πράγματά μας ἀκολουθήσουν εὔφορα, προσμένω ὅτι (chiffres).

Παρίσι, 18 Ἰανουαρίου 1793.

Νο Ε.

Εἰς τὰ παρελθόντα νούμερα σοὶ εἶχα γράψει περιληπτικῶς τὸ νόημα τοῦ λόγου ὁποῦ ἐπρόφερε κατὰ τὴν 12 Ἰανουαρίου ὁ Πρισὸτ ἐν τῇ Ἐθνικῇ Συνόδῳ, ὅπου ἀπέδειξε ὅτι ὁ θαλάσσιος πόλεμος μετὰ τῆς Ἰγγλιτέρας θέλει δώσει μίαν ἄφευκτον ὑπεροχὴν εἰς τοὺς Φραντζέζους. Ἄσπρα, ἄνθρωποι, καράβια, ἰδοὺ τὸ τριπλοῦν νεῦρον τοῦ πολέμου. Λοιπὸν σύγκρινε τὴν στάσιν τῆς Ἐγγλιτέρας, παράβαλλέ την μὲ τὴν ἐδικήν μας. Τὰ κοινὰ ἔξοδα τῆς Ἐγγλιτέρας ἀνέβηκαν, κατὰ τὸ 1791 ἔτος, ὕστερα ἀπὸ μίαν εἰρήνην 7 χρόνων, ὑπεράνω τῶν 17 μιλλ. λίρων στερλένγ, καὶ τὸ εἰσόδημά της δὲν ἐπέρασε τὰ 16 μιλλ. (πρὶν τῆς μεταβολῆς μας ἓν μιλλ. τῶν λιβρστερλένγ ἄξιζε 25 μιλλ. λίρων τουρνοά) δηλαδή 450 μιλλ. είναι άναγκαΐα διά νά διοικήσουν εν πλήθος 7 μιλλ. ανθρώπων, εις καιρόν όπου 25 μιλλ. Φραντζέζοι εις καιρόν ειρήνης δεν πληρώνουν μίαν τοσαύτην ποσότητα δοσιμάτων· ακολούθως κάθε Εγγλέζος πληρώνει τρεις φοραΐς περισσότερον δόσιμα από κάθε Φραντζέζον · έπειτα, διά νά κάμη τον πόλεμον ή Εγγλιτέρα, δεν έχει κανένα είδος υποθήκης νά προσφέρη εις τά δάνεια όπου μέλλει νά κάμη, επειδή τά τρεχόντα έξοδα του χρόνου υπερβαίνουν εις καιρόν ειρήνης ένα μιλλιόνι τό εισόδημά της, εις καιρόν όπου ή Φράντζα ημπορεί νά προσφέρη τριχούλλια υποθήκης τόπου γεωργητου· ή οποία τέλος πάντων, αν και εξοδευθή, ή ευκαρπία της γης, και τό πολύτεχνον των Φραντζέζων θέλουν φθάσει διά τους σκοπούς μας. Κρίνε από ένα παράδειγμα την ένδειαν της Εγγλιτέρας· το αρμάτωμα, όπου εκαμώθηκε νά κάμη κατά της Ρουσίας εις 1791, εκόστισε 100 μιλλιούνια, και διά τό όποιον εδανείσθηκαν είκοσι μιλλιούνια. Ή Εγγλιτέρα, από την ειρήνην της μετά της Αμερικής, αύξησε τρία μιλλ. λιβ. στρ. κάθε χρόνον δόσιμον· πόσα περισσότερα δοσίματα ή γεωργία, τό εμπόριον και τά εργόχειρα ήθελαν υποφέρει, αν αυτός ό πόλεμος ήθελε διαρκέσει, ή μάλιστα ήθελε διευθυνθή κατά 25 μιλλ. ανθρώπων, όπου είναι αποφασισμένοι νά ταφούν υπό των ερειπίων της ελευθερίας, εις καιρόν όπου ένας πόλεμος με 3 μιλλ. Αμερικάνους την εκόστισε περισσότερον από χιλ. μιλλιούνια; Ημπορώ έπειτα νά παραβάλλω έν πλήθος 25 μιλλ. ομογνωμόνων, συμφώνων, με 7 μιλλι. Εγγλέζους· οι όποιοι μόλις ημπορούν νά στέλλουν εις τας Ανατολικάς Ινδίας τους 30 χιλ. ανθρώπους, οπού τά θερμά κλίματα των εκεί νησίων ζητούν και κατατρώγουν κάθε χρόνον; με τους 1200 χιλ. Σκοτζέζους, βαρημένοι (sic) από τόν ζυγόν της Εγγλιτέρας, και οι όποιοι δραπετεύουν αδιακόπως διά νά πλατύνουν τά βόρεια της Αμερικής· με τά 3 μιλ. των Ιρλανδέζων όπου δεν έχουν καμμίαν κλίσιν νά δουλεύσουν την παράνοιαν του καπινέτου του Σεν Τζάμ· και όπου εξ εναντίας θέλουν αντιβάλλει εις τον έκτρομον δεσποτισμόν της Αγγλίας 60 χιλ. ετοίμους εθελουσίους σολδάτους. Τό πολυάριθμον της Φράντζας είναι ένα άπειρον σμήνος στρατιωτών και ναυτών· όταν η φωνή της ελευθερίας τους ανακαλέση, είτε επί γης, είτε επί θαλάσσης, μετά 6 μήνες 80 χιλ. ναύται Φραντζέζοι θέλουν συντρέξει εἰς τὴν βοήθειαν τῆς πατρίδος, εἰς καιρὸν ὁποῦ τὸ καπινέτο τῆς Ἐγγλιτέρας, μὲ ὅλην τὴν τερατώδη ἀνταμοιβὴν τῶν 5 λιτρ. στερλ., δὲν ἠμπορεῖ νὰ ἐκτελέσῃ τὴν προσθήκην τῶν 9 χιλ., καὶ ἀκολούθως, βιασμένον νὰ προστρέξῃ εἰς τὴν βίαν (la presse), θέλει διεγείρει ἀφεύκτως μίαν ἀποστασίαν.

Ἀδελφέ, τὰ ὅρια τῆς ἐπιστολῆς δὲν μὲ ἐπιτρέπουν νὰ μεταφράσω τὸ ὑπόλοιπον αὐτοῦ τοῦ ἐξαιρέτου λόγου, βρίθοντος ἄνθεσι τῆς εὐγλωττίας, καὶ εἰδήσεως τῆς πολιτικῆς τῶν δύο τόπων.

Φαίνεται ὅτι ἡ ἐκστρατεία κατὰ τῆς Σαρδινίας βάζεται ἤδη εἰς πρᾶξιν· ὡσὰν κατὰ τὰ ἀπὸ Νίσης γράμματα, τῆς 5 καὶ 6 Ἰανουαρίου, εἰσήγαγον εἰς Βίλλαν-Φράγκαν κοντὰ τῆς Νίσης 6 χιλ. ἀνθρώπους ἀπάνω εἰς 42 καράβια de transport διαφεντευόμενα ἀπὸ τὸ καράβι τῆς λίνεας le Commerce de Bordeaux καὶ τρεῖς φρεγάταις· αὐτὴ ἡ μοῖρα ἐκίνησε διὰ τὸ Ἀϊάτζιο εἰς Κόρσικαν, ὁποῦ θέλει εὕρει ἓν μέρος τῆς ἐσκάδρας τοῦ Τρουγκέ· τὸ ἄλλο μέρος εἶναι εἰς θάλασσαν καὶ διευθύνεται κατὰ τοῦ Τριεστίου· 10 χιλιάδες Κόρσοι θέλουν αὐξήσει τὸ στράτευμα μὲ τὸ ὁποῖον ἡ ἔφοδος θέλει ἐκτελεσθῇ. Ὁ γεν. Πάολης, περίφημος διὰ τοὺς ὑπὲρ ἐλευθερίας πολέμους του, ἑτοίμασε αὐτὸ τὸ σῶμα μὲ μεγάλην φροντίδα, καὶ θέλει τὸ στείλει ὑπὸ τῶν προσταγῶν τοῦ Σεζάρι Κολλόνα, Κόρσου. Εἰς Τουλλὸν τὰ ἀρματώματα γίνονται μὲ μεγάλην ἐπιμέλειαν· δουλεύουν ἀδιακόπως κυριακαῖς καὶ ἑορταῖς· πολλὰ καράβια Ἐγγλέζικα ἔφθασαν φορτωμένα μὲ σιτάρι· τὸ φόρτωμα ἑνὸς τούτων συνίστατο ἀπὸ τζόχαις, παπούτζια, τουφέκια καὶ σπαθιά, διὰ τὸ ἀρμάτωμα τῶν σολδάτων τοῦ ἔθνους. Ὅταν αὐτὰ τὰ καράβια εἶχον κινήσει ἀπὸ Ἐγγλιτέρας, ἡ ρεβολουσιόνε τῆς Φράντζας ἐπεχροτοῦτο παρὰ τῶν Ἄγγλων, καὶ διὰ τοῦτο οἱ ναῦται ἔδειξαν μεγάλον θυμὸν κατὰ τοῦ μινίστρου των Πίτ, ἀφ' οὗ ἔμαθαν τὰς ἑτοιμασίας του.

Μὲ ὅλας τὰς προσφορὰς τῆς οὐδετερότητος, ἡ Ἰσπανία δίδει συνέχειαν εἰς τὰ ἀρματώματά της καὶ ἐπὶ γῆς καὶ ἐπὶ θαλάσσης· εἰς Παρτελόναν εἶναι μία μεγάλη βία εἰς τὴν μεταφορὰν τῆς ἀρτιλερίας, κάθε ἡμέραν αὐξάνουν τὰ μουχμίματα τοῦ Φερόλ. Τῇ 4 Ἰανουαρίου ἔφθασεν εἰς Μαδρὶ ἕνας κουριέρης ἀπὸ Λόνδρας, ὁ ὁποῖος ἔδωσεν εἴδησιν εἰς τὴν αὐλὴν τῶν ἑτοιμασιῶν ὁποῦ ἐπροστάχθησαν εἰς Ἐγγλιτέραν. Ὁ ἰνδιάτος Jackson βιάζει πολλά τό μινιστέριον τῆς Ἱσπανίας νά ἑνωθῇ μαζί του, ἡ κούρτη ὅμως ἀκόμη δὲν ἔλαβε κάμμίαν ἀπόφασιν· δὲν εἶναι ἀμφιβολία ὅτι ὅλοι οἱ ἄλλοι ἰνδιάτοι τῶν ἐχθρῶν τῆς Φράντζας νά μὴ βιάζουν ἐπίσης τήν Ἱσπανίαν εἰς αὐτήν τὴν συνωμοσίαν. Ὁ περίφημος Καλόνε ἔφθασε τῇ 28 τοῦ παρελθόντος διά νά ἐπαχουμβήσῃ τοὺς σκοποὺς τῆς Μεγάλης Βριτανννίας· ἦλθε διά νά ἀναζωπυρήσῃ τὰς ἐλπίδας τῶν ἐκεῖ φυγάδων. Ὁ νούνσιος τοῦ Πάπα ἀρχιστρατηγεῖ τοῦ πλήθους τῶν καλογέρων, οἱ ὁποῖοι λυσσιάζουν· καὶ ὁ νέος μινίστρος Ἀλκούδια χάνει τὰ νερά του μεταξὺ τόσων ἴντριγκων, δὲν ἐπιθυμᾷ τὸν πόλεμον, ὅμως, καθὼς ὁ βασιλεὺς καὶ ἡ γυναῖκά του, μισᾷ τὸ ἔθνος τῶν Φραντζέζων, καὶ δὲν εἶναι ἀπίθανον, ἀνίσως καὶ δὲν ἦτον βέβαιος τῆς ἀδυναμίας τῆς Ἱσπανίας, ὅτι πρὸ πολλοῦ ἤθελεν κηρύξει τὸν πόλεμον, ἔπειτα φοβᾶται τοὺς κακοευχαριστευμένους, οἱ ὁποῖοι εἶναι πάμπολλοι. Ἡ βασίλισσα καταφρονεῖται καὶ μισεῖται σχεδὸν καὶ ἀπὸ τοὺς ρογιαλίστας, ἐξ αἰτίας τῶν ἀσωτειῶν της. Ὅσαις φοραῖς φανῇ εἰς τὸ κοινόν, τὸ πλῆθος σιωπᾷ, εἰς καιρὸν ὁποῦ ἐπικροτεῖ τὸν βασιλέα, ἔπειτα σκανδαλίζεται ἀπὸ τὰ μεγάλα ἔξοδα τῆς αὐλῆς, ἡ ὁποία, καταφρονοῦσα τὴν πτωχείαν τῶν Ἰσπανῶν, καταδαπανᾷ διὰ τὴν μεγαλοπρέπειαν τὸν ἱδρῶτα τοῦ λαοῦ.

Ἡ βουλὴ ἡ ἐκτελεστικὴ ἔδωκε προσταγὴν εἰς ὅλους τοὺς πρωτεύοντας γενεραλέους τῶν στρατευμάτων τῆς Ρεπούπλικας νά ἔλθουν ἐδῶ, διὰ νὰ προσδιορίσουν, μετὰ τοῦ μινίστρου καὶ τῶν κομιτῶν τῆς Ἐθνικῆς Συνόδου, τὴν ἰχνογραφίαν τοῦ πολέμου, ὁποῦ εἶναι ἀνῆκον νὰ κάμουν, καὶ τοῦ ὁποίου ἡ ἐκτέλεσις θέλει ἀρχίσει εὐθὺς ὁποῦ βαλθῇ εἰς μίαν στάσιν. Ὁ γενεράλ Λαπουρδονὲ ἐπὶ τῇ φήμῃ τῶν ἁρματώσεων τῆς Ἀγγλιτέρας ἐκίνησε διὰ νὰ ἐπιθεωρήσῃ Καλαί, Δουνκέρκ, καὶ ὅλα τὰ παράλια τῆς Μάνς· ὕστερα ἀπὸ αὐτὴν τὴν ἐπιθεώρησιν μέλλει νὰ ἔλθῃ εἰς Παρίσι, διὰ νὰ συνομιλήσῃ μετὰ τοῦ κομιτάτου τοῦ πολέμου περὶ τῶν ἐφεξῆς πράξεων. Διαδίδεται ὅτι μέλλει νὰ λάβῃ τὴν ἀρχιστρατηγίαν τοῦ ἐπὶ Ρήνου στρατοῦ, ἀντὶ τοῦ γ. Πιρόν.

Ὁ σιτογὲν Ναϊλάκ, μινίστρος τῆς Φράντζας εἰς Γέναν, ἐνεχείρισε τῷ δόζᾳ τὰ γράμματα τῆς κρεάντζας· καὶ ὁ δόζας τὸν ἀπεκρίθη ὅτι ἡ ρεπούπλικα τῆς Γένας εἶναι κατὰ πάντα ἀφιερωμένη εἰς τὰ ἰντερέσσα τῆς Φράντζας.

Ἠκολούθησαν κάποιαι ἀκαταστασίαι εἰς τὴν πόλιν Ῥουὰν, ἐκ τῆς αἰτίας τῆς ὁμηγύρεως τῶν ἀριστοκρατικῶν, ὁποῦ ἐζήτησαν νὰ κάμουν ἐκεῖ ἕνα εἶδος ἀποστασίας ὑπὲρ τοῦ βασιλέως· μ' ὅλον ὁποῦ ὁ ἀριθμός τῶν ὑπερέβαινε τὰς 17 χιλ., τόσον παπάδες ὅσον καὶ πρώην εὐγενεῖς, δύο χιλιάδες πατριῶται τοὺς ἔβαλαν γνῶσιν. Ἀκολούθως ἔκτοτε ἡ πόλις εἶναι τώρα ἥσυχος.

Τὸ Παρίσι ὅμως εἰς τὴν στιγμὴν ὁποῦ σοὶ γράφω εἶναι εἰς μίαν κρυφὴν ταραχὴν, ἐξ αἰτίας τῆς καταδίκης ὁποῦ σήμερον ἠκολούθησε τέλος πάντων τοῦ πρώην βασιλέως. Ἀπὸ τὴν δευτέραν μέχρι σήμερον, αὐτὴ ἡ ὑπόθεσις ἡμέραν καὶ νύκτα ἐνασχολεῖ τοὺς νομοθέτας μας. κατ' ἀρχὰς ἐξέτασαν ἂν ὁ βασιλεὺς ἦναι τῷ ὄντι ὑπεύθυνος τῆς ὑπερτάτης προδοσίας κατὰ τῆς ἐλευθερίας· ὕστερα ἀπὸ ἕνα ἡμερόνυκτον ἀπεφασίσθη καταφατικῶς. Ἔπειτα ἐπρόβαλαν ἂν ἡ κρίσις του, δηλαδὴ ἡ ἀπόφασις τῆς καταδίκης του, θέλῃ ἐπικυρωθῇ παρὰ τοῦ δήμου· τοῦτο ἀπερασίσθη ἀποφατικῶς. Τέλος πάντων διαβουλεύθησαν περὶ τῆς ποινῆς. Καὶ, καθὼς μανθάνω ἀπόψε, αἱ περισσότεραι ψῆφοι τὸν καταδικάζουν εἰς θάνατον· εἰς αὐτὴν τὴν καταδίκην κάθε μέλος ἔχει χρέος νὰ προφέρῃ ἐπάνω εἰς τὸ βῆμα τὰ αἴτια διὰ τὰ ὁποῖα ἀποφασίζει τὸν θάνατον. Λοιπὸν μένει ἡ ἐκτέλεσις αὐτῆς τῆς καταδίκης, ἡ ὁποία, μὲ ὅλον ὁποῦ ἀρέσκει καὶ εἰς τὸ πλῆθος, θέλει ἀφεύκτως τελειωθῆ μετὰ δύο ἡμέρας. Ποῖα τὰ ἀποβησόμενα; ἀγνοῶ. Ὅσον διὰ τὴν λοιπὴν του φαμιλίαν, ὑποθέτω ὅτι θέλουν τὴν βαστάξει σφαλισμένην μέχρι τῆς εἰρήνης.

Ἡ Ἐθνικὴ Σύνοδος συνθεμένη ἀπὸ 745, ἐξ ὧν ὁ ἕνας ἀπέθανε, 6 εἶναι ἄρρωστοι, 2 ἀπόντες, 11 ἀποσταλμένοι, 4 δὲν ἔδωσαν ψῆφον· ἔμειναν λοιπὸν 721 ὁποῦ ἐψήφισαν, 366 διὰ τὸν θάνατον, 319 διὰ τὴν εἱρκτήν. Ἀκολούθως ὁ πρόεδρος ἀνεκήρυξε τὸ δόγμα ἐν αὐταῖς ταῖς λέξεσι (1)·

Ἡ ποινὴ ὁποῦ ἡ Ἐθνικὴ Σύνοδος προφέρει εἶναι ὁ θάνατος κατὰ τοῦ Λουῒ Καπέτ.

Ἀμέσως ἐστάλθησαν κουριεριδες παντοῦ εἰς τὰ στρατεύματα διὰ νὰ μεταφέρουν αὐτὴν τὴν λυπηρὰν εἴδησιν. Ὁ ἰνδιάτος τῆς Ἰσπανίας

(1) Le texte porte ἐν αὐτοῖς τοῖς λέξεσι.

έγραψε εν γράμμα τῷ μινίστρῳ τῶν ξένων ὑποθέσεων εἰς τὴν στιγμὴν ὁποῦ ἀποφασίζεται αὐτὴ ἡ τρομερὰ κρίσις· δὲν εὑρέθη ὅμως εὔλογον εἰς τὴν Ἐθνικὴν Σύνοδον νὰ ἀναγνωσθῇ τὸ γράμμα του καὶ ἀκολούθως φοβοῦμαι μήπως ἦτον μία ἀνακήρυξις πολέμου.

Σοὶ γράφω ἐδῶ εἰς τὸ στρῶμα, ἐπειδὴ ἕνας πονοκέφαλος μεγάλος μὲ κρατεῖ οἰκουροῦντα πρὸ δύο ἡμερῶν. Τόσον τῇ σημειώνω ὅτι ἀπορῶ διατὶ δὲν λαμβάνω πλέον συχνὰ γράμματά σου, ὑστερινὸν εἶναι ἀπὸ 9/19 Δεκεμβρίου.

Παρίσι, 20 Ἰανουαρίου 1793.
Δεύτερον ἔτος ἀπὸ τῆς Δημοκρατίας.

N° Z.

Διαδίδεται ἐδῶ ὅτι ἓν στράτευμα Προυσιάνικο, ἀρχιστρατηγούμενον παρὰ τοῦ γεν. Μολλενδόρφ, μέλλει μετ' οὐ πολὺ νὰ ἔμβη εἰς τὴν Λεχίαν, καὶ ὅτι εἶναι διωρισμένον νὰ κρατήσῃ τὸν τόπον τῶν Ῥούσων, τῶν ὁποίων μία μοῖρα θέλει σταλθῇ τὴν πρώτην ἄνοιξιν εἰς τὰς ὄχθας τοῦ Ῥήνου. Μ' ὅλον ὁποῦ ἡ Αἰκατερίνα εἶχε ἐλπίδα νὰ δώσῃ μετ' ὀλίγον τῷ Λουδοβίκῳ ις' μίαν γβάρδιαν Μοσχοβικὴν, δὲν εἶναι πιθανὸν ὡς τόσον ὅτι τὸ μόνον τέλος τῆς εἰσόδου τῶν Προυσιάνων εἰς τὴν Λεχίαν νὰ ἦναι εἰς τὸ νὰ διαδεχθοῦν τὸν τόπον τῶν Ῥούσων· θεωρῶντας τὸ ἰντερέσσο ὁποῦ εἶχεν ἡ Προυσία νὰ μὴν ἀφήσῃ τοὺς Ῥούσους νὰ ἐκπορθμήσουν αὐτὸν τὸν τόπον, εἶμαι σχεδὸν βέβαιος ὅτι ὑπάρχει μία κρυφὴ συνθήκη μεταξὺ τῶν δύο αὐλῶν διὰ μίαν νέαν διανομὴν, καὶ ὅτι τὰ στρατεύματα τῆς Προυσίας ἐμβαίνουν διὰ νὰ καταχυριεύσουν κανένα μέρος τῆς Λεχίας, καὶ χωρὶς ἄλλο ἡ Προυσία δὲν θέλει εὐχαριστηθῇ μόνον μὲ τὰς πόλεις Δαντζίγ καὶ Θὸρν, ὁποῦ ἐφοβέριζε πρὸ καιροῦ.

Μὲ φαίνεται ὅτι ὁ Φρεδερῖχος μέγας, τοῦ ὁποίου ἡ αὐλὴ τοῦ Περλινιοῦ φαίνεται ὅτι ἀλησμόνησε τὸ πολιτικὸν σύστημα, ἤθελεν ἀκολουθήσει μίαν ἄλλην μέθοδον· δὲν ἤθελεν ἀφήσει νὰ καταστραφῇ ἓν πρόβλημα ὁποῦ ὑπῆρχε μεταξὺ τῆς Προυσίας καὶ μιᾶς δυνάμεως, ἡ ὁποία τέλος πάντων θέλει ἐξολοθρεύσει τὴν εἰς τὴν Εὐρώπην ἐπίρροιάν της. Ἡ Λεχία αὐτόνομος ἦτον ἀναγκαία σύμμαχος τῆς Προυσίας καθὼς καὶ τῶν Τούρκων. Αὐταὶ αἱ τρεῖς δυνάμεις, συνημμέναι παρὰ τῶν αὐτῶν ἰντερέσσων, ἤθελαν προβάλει ἓν τεῖχος ἀκαταδάμαστον κατὰ τῶν Ῥούσων, τοὺς ὁποίους ἤθελαν τοὺς συνορίσει εἰς τὸν Βορρᾶν. Σήμερον ὅμως ποῖος ἠμπορεῖ νὰ τοὺς ἀντισταθῇ; Ποῖος ἠμπορεῖ νὰ ἐμποδίσῃ τὴν Αοὐ. καὶ Ῥουσίαν νὰ καταστρέψουν τὴν Τουρκίαν, καὶ ἴσως νὰ κυριεύσουν ὅλην τὴν Γερμανίαν; Εἶναι παράδοξον ὁποῦ ἡ Ἐγγλιτέρα, τῆς ὁποίας τὸ φιλότιμον συνίσταται εἰς τὸ νὰ ἐπιρρέῃ ἐπάνω εἰς ὅλας τὰς πολιτικὰς περιστάσεις, ὑπέφερε μὲ ἀδιαφορίαν τὴν ἔφοδον τῆς Λεχίας, ἐπιτήδειον νὰ ἀλλοιώσῃ τὴν ἐπιφάνειαν τῆς Εὐρώπης. Τοῦτο δὲν ἀποδίδεται εἰς ἄλλο παρὰ εἰς τὴν φροντίδα ὁποῦ κατέβαλεν εἰς τὸ νὰ πολλαπλασιάσῃ τοὺς ἐχθροὺς τῆς Φράντζας, καὶ νὰ τὴν ἐμποδίσῃ εἰς τὸ νὰ ἀπολαύσῃ μίαν ἐλεύθερον πολιτείαν. Αὐτὸς ὁ σκοπὸς τὴν ἐπαρακίνησε εἰς τὸ νὰ συνάψῃ τερατωδῶς τὴν Αοὐστρίαν μετὰ τῆς Προυσίας, καὶ νὰ πληρώσῃ κρυφίως μισθοὺς εἰς πολλοὺς ἄλλους ἡγεμόνας τῆς Εὐρώπης. Ἂν μέχρι τοῦδε ἐφύλαξε μίαν φαινομένην οὐδετερότητα, εἶναι μὲ τὸ νὰ ἐφοβοῦντο οἱ μινίστροι ὅτι τὸ ἔθνος δὲν θέλει στέρξει ἕνα πόλεμον, τοῦ ὁποίου τὸ μόνον τελικὸν αἴτιον ἤθελεν εἶσθαι ἡ καταστροφὴ τῆς ἐλευθερίας· ἔπειτα, μὲ τὸ νὰ ἐνόμιζε ὅτι οἱ σύμμαχοι μόνοι ἦσαν ἱκανοὶ νὰ καταδεσμεύσουν εὐκόλως τὴν Φράντζαν, τώρα ὅμως ὁποῦ οἱ πόνοι τῶν συμμάχων ἐστάθησαν ἀνωφελεῖς, τώρα ὁποῦ τὸ Βριταννικὸν μινιστέριον κατήντησε νὰ πλανήσῃ τὴν δόξαν τοῦ ἔθνους, αὐξάνοντας τὰ κακὰ καὶ τὰς δυσπραγίας τῆς ῥεβολουσιόνε μας, δὲν εἶναι πλέον ἐφικτὸν νὰ ἀμφιβάλωμεν ὅτι ἡ Ἐγγλιτέρα νὰ μὴν ἦναι ἤδη ἡ κεφαλὴ τῆς συνωμοσίας, καὶ ἡ πρωταίτιος ἴσως τῆς συνθήκης μεταξὺ τῶν δύο ἀντιζήλων δυνάμεων.

Θέλεις εὕρει μέσα εἰς τὴν γαζέταν, ὁποῦ σοὶ στέλλω ξεχωριστά, τὸ γράμμα τοῦ μινίστρου τῆς Ἱσπανίας, ὁ ὁποῖος διὰ νὰ σώσῃ τὴν ζωὴν τοῦ βασιλέως, ἀρχηγοῦ τῆς φαμιλίας τῶν Πουρπόνων, ἐπρόβαλε τὴν μεσιτείαν τοῦ καθολικωτάτου τῆς Ἱσπανίας μεταξὺ τῶν ἐν μάχῃ ἤδη δυνάμεων· ἡ Ἐθνικὴ Σύνοδος ὅμως μήτε ἐκαταδέχθη νὰ ἀνοίξῃ τὸ γράμμα του, μήπως φανῇ ὅτι φοβᾶται ἀπὸ τοὺς φοβερισμοὺς τῶν

Lettres de Stamaty.

ξένων δυνάμεων· ἠξεύρω πρὸς τούτοις ὅτι ὁ ῥηθεὶς μινίστρος ἐπρόβαλε κρυφίως ὅτι, διὰ ἐγγύησιν τῆς παρόλας του, ὁ βασιλεὺς τῆς Ἱσπανίας ἔστεργε νὰ μᾶς στείλῃ τέσσαρεις παταλιόνους Ἱσπανῶν πρὸς ὅμηρον μέχρις ὅτου νὰ τελειωθῇ ἡ εἰρήνη. Αὐταὶ ὅλαι ὅμως αἱ ὑποσχέσεις δὲν ἔκαμαν κανένα ἀποτέλεσμα εἰς τὸν ἐνθουσιασμὸν τῶν πνευμάτων, τὰ ὁποῖα φαντάζονται ὅτι ἡ ἐλευθερία δὲν θέλει ποτὲ στερεωθῇ εἰς τὴν Φράντζαν, ἂν ὁ βασιλεὺς δὲν θυσιασθῇ.

Χθὲς ὅλοι οἱ στρατιῶται τῶν ἐπαρχιῶν, ὁποῦ εὑρίσκονται ἐδῶ ὑπὲρ τὰς 25 χιλ., ὁμοῦ μὲ τῶν Παρισιάνων, συνηθροίσθησαν εἰς τὴν πλατεῖαν ὅπου αὔριον θέλει ἀποκεφαλισθῇ ὁ πρώην βασιλεύς· ἐκεῖ ἔκαμαν τὸν κατωτέρω ὅρκον· Ὀμνύομεν ὅλοι πίστιν εἰς τὸ ἔθνος, εἰς τὸν νόμον, ὅτι θέλομεν διατηρήσει τὸ ἀδιαίρετον τῆς πολιτείας· ὅτι θέλομεν ὑπερμαχήσει μέχρι τελευταίας μας ἀναπνοῆς διὰ τὰ δίκαια τῆς ἀνθρωπότητος, τὴν ἐλευθερίαν, τὴν ἰσότητα, καὶ μίαν ἀδιάλυτον ἀδελφότητα, καὶ ὅτι θέλομεν φονεύσει παρευθὺς ὁποῖος φρονήσῃ τὴν τυραννίαν. Ἔπειτα, ἀφ' οὗ ἀγκαλιάσθησαν ἀδελφικῶς, ἀπεφάσισαν νὰ φυτεύσουν μίαν δρύα εἰς τόπον ὅπου θέλει πέσει ἡ κεφαλὴ τοῦ τυράννου.

Ἡ διαβουλὴ διὰ τὴν καταδίκην διήρκεσε 40 ὥρας, καὶ ἀφ' οὗ ἀπεφασίσθη, ἐπρόβαλαν ἂν ἦναι ὠφελιμώτερον νὰ ἀναβάλουν τὴν τιμωρίαν του μέχρι μετὰ τὴν εἰρήνην. Χθὲς τὴν νύκτα, ὕστερα ἀπὸ πολλὰς λογομαχίας, αἱ ψῆφοι ἀπεφάσισαν ὅτι θέλει ἀποκεφαλισθῇ αὔριον τὸ μεσημέρι ἔμπροσθεν τοῦ παλατίου του, εἰς πλατεῖαν ὀνομαζομένην Καρουζέλ. Ἰδοὺ λοιπὸν τὸ τέλος αὐτῆς τῆς τραγῳδίας. Ποῖα τὰ ἀποβησόμενα; Ὁ Κύριος οἶδε.

Ἀδελφέ, τὰ γράμματά σου μὲ ἔρχονται πολλὰ σπανίως, εἰς καιρὸν ὁποῦ σοὶ γράφω τρὶς τῆς ἑβδομάδος. Εἶμαι εἰς ἀπελπισίαν, μὴν ἠξεύρωντας διὰ ποῖον αἴτιον, καὶ ἔχων χρείαν ἀποκρίσεών σου. Ἡ σιωπή σου μοὶ δίδει κάθε λογῆς ὑποψίας, τὰς ὁποίας ἄμποτες νὰ τὰς διαλύσῃς μετ' οὐ πολύ.

Ὁ Μαμάρας μὲ ἔγραψε· εἶναι ἤδη 15 ἡμέραις ὅτι ἔλαβε παρὰ σοῦ 201 f. τὰ ὁποῖα μέχρι τοῦδε δὲν τὰ ἔλαβα.

Χαῖρε, φίλων μοὶ ἄριστε.

Παρίσι, 24 Ιανουαρίου 1793.
Δεύτερον έτος από ελευθερίας.

N° II.

Οἱ Βέλγοι καὶ οἱ Λιεζόαζοι ἀπᾴδουν τερατωδῶς κατὰ τὰς πολιτικὰς των δόξας· σύμπτωμα ἄφευκτον εἰς δύο ἔθνη τόσον διαφορετικὰ κατὰ τὰς ἰδέας, ἤθη καὶ προλήψεις, ὅπου τὰ φῶτα τῆς φιλοσοφίας δὲν εἶναι ἐπίσης διεσπαρμένα, καὶ ὅπου τέλος πάντων ἡ διοίκησις δὲν ἦτον πρότερον θεμελιωμένη ἐπάνω εἰς τὴν αὐτὴν βάσιν. Εἰς τὰς περισσοτέρας πόλεις τῆς Βελγικῆς διαβουλεύονται ἂν πρέπῃ νὰ διατηρήσουν τὰς τρεῖς τάξεις, ἢ νὰ ἐκλέξουν ἓν σύστημα πολιτικὸν ὁποῦ νὰ πλησιάζῃ μὲ τὸ ἐδικόν μας. Οἱ δημοκρατικοὶ γαλλίζουν κατὰ τὸ παράδειγμα τῶν Σαβογέζων, ἡ φωνή των ὅμως καταθλίβεται ἀπὸ τὰς κραυγὰς τοῦ φανητιασμοῦ, ἀπὸ τοὺς ὀδυρμοὺς τῆς δεισιδαιμονίας, καὶ ἀπὸ τὴν λύσσαν τῆς ὀλιγαρχίας. Ἐξ ἐναντίας, εἰς τὸν τόπον τοῦ Λιὲζ, ὅλοι σχεδὸν ζητοῦν νὰ σχίσουν τὸν γορδιαῖον δεσμόν, καθὼς καὶ εἰς τοὺς πρόποδας τοῦ Μὸν-Σενίς.

Οἱ φίλοι τῆς ἐλευθερίας καὶ τῆς ἰσότητος φαίνονται εἰς τὸ κοινόν, εἰς καιρὸν ὁποῦ οἱ ἀκόλουθοι τοῦ ἐπισκόπου κρύπτονται εἰς τὰ ὑπόγεια· ὅλοι ἐπιθυμοῦν τὴν ταχυτέραν ἕνωσιν μετὰ τῆς Φράντζας· διὰ τοῦτο εἶναι πιθανὸν ὅτι, μετ' ὀλίγας ἡμέρας, τὸ δεπαρταμέντο τῆς Κάτω-Μεούσας θέλει σχηματίσει τὸ 85ον τῆς Ρεπούπλικάς μας. Μ' ὅλον τοῦτο δὲν ἐχάσαμεν ἐδῶ τὴν ἐλπίδα τοῦ νὰ φωτίσωμεν τέλος πάντων τοὺς Βέλγους, νὰ διαλύσωμεν τὸ ὕφασμα τῆς ἐκεῖ ἀριστοκρατίας, καὶ νὰ θεμελιώσωμεν τὸ κράτος τῆς ἀληθείας εἰς ἕνα δῆμον ἐπιδεκτικὸν κάθε εἶδος δόξης, ἂν ἀποσείσῃ μίαν φορὰν τὸν ζυγὸν τῆς δεισιδαιμονίας τῶν μοναχῶν. Ὁ σκοπὸς εἶναι νὰ συσταθῇ ἓν στράτευμα σύμμαχον Βελγικόν, συγκείμενον ἀπὸ 40 χιλ. Βέλγας καὶ Λιέζους διὰ νὰ δεφεντεύσουν τὰ δίκαια τῆς πατρίδος των κατὰ τῶν Ἄου.

Ἐν ταυτῷ ἐστάλθησαν ἐνταῦθα ἀπόστολοι τῆς ἐλευθερίας εἰς ὅλας τὰς πρωτευούσας πόλεις, διὰ νὰ διδάξουν τὸ πλῆθος, καὶ νὰ αὐξήσουν τὸν ἀριθμὸν τῶν νεοφύτων. Δὲν ἀμφιβάλλομεν ὅτι οἱ πατριῶται Ὁλλανδέζοι θέλουν συντρέξει διὰ νὰ πολυπλασιάσουν αὐτὸ τὸ στράτευμα.

Lettres de Stamaty.

Ὁ ξένος λεγεὼν, ὁποῦ συντίθεται εἰς Ἀνϐὲρ, ἀπὸ τῆς 25 τοῦ Δεκεμϐρίου, ἡμέρᾳ τῇ ἡμέρᾳ λαμϐάνει μίαν μεγάλην σύστασιν, ἐξ αἰτίας μιᾶς νέας ἀποικίας Ὁλλανδέζων, ὁποῦ φθάνουν εἰς Ἀνϐὲρ ὁμοθυμαδόν· οἱ ἐξόριστοι πατριῶται πηγαίνουν ἐκεῖ διὰ νὰ παρακινήσουν καὶ ἐνανδρειώσουν τοὺς νέους συμπατριώτας των. Ἡ Φράντζα ἔστειλεν εἰς Ὁλλάνδαν κἄποιον ὀνομαζόμενον Νόελ διὰ μινίστρον της, ὅστις, κατὰ τὴν φήμην, ἔχει προσταγὴν νὰ ζητήσῃ ὁποῦ νὰ ἀναγνωρισθῇ μετὰ τρεῖς ἡμέρας, ἢ ἄλλως νὰ φανερώσῃ τὸν πόλεμον· τοῦτο μοὶ φαίνεται πιθανόν, δὲν σοὶ τὸ βεϐαιώνω ὅμως. Οἱ Ὁλλανδέζοι προσμένουν μετ' ὀλίγον τὴν ἐσκάδραν ὁποῦ ἦτον εἰς Λιϐοῦρνο, τὴν ὁποίαν τὴν ἀνεκάλεσαν δι' ἑνὸς κουριέρη ἐξτραορδιναρίου, διὰ νὰ δεφεντεύσῃ τὰ παράλια· αὐτὴ ἡ μοῖρα σύγκειται ἀπὸ 3 καράϐια· ἡ Γκέλδρα 64· ἡ Ζεεπαὰρ 24· καὶ ἡ Σνελχἅϊδ 12. Ἐν ταυτῷ κάμνουν ἄλλας ἑτοιμασίας εἰς τὰ ἐνδόμυχα τῶν ἑπτὰ ἐπαρχιῶν, ἐπειδὴ καὶ τὰ ἄκρα ὁποῦ συνορεύουν μὲ τὴν Γκέλδραν, ἀπὸ Μαστρὶχ μέχρι Βένλο, μέλλουν νὰ ἐγχειρισθοῦν εἰς τὰ στρατεύματα τοῦ (sic) Προυσίας· τὰ πέριξ τοῦ Περγοπζὸμ καὶ Πρέδας κατεκλύσθησαν, καὶ ἐϐάλθησαν εἰς στάσιν δεφεντεύσεως. Ἐν ἑνὶ λόγῳ ἡ Ὁλλάνδα, δηλ. ἡ διοίκησις, λαμϐάνει μίαν θέσιν πολεμικήν, διὰ νὰ ἀποφύγῃ τὴν ἄφευκτον καταστροφὴν ὁποῦ τὴν φοϐερίζει· ἂν ὁ πόλεμος μετὰ τῆς Ἰγγλιτέρας ἀρχίσῃ, ὁ σκοπὸς τότε εἶναι νὰ στείλουν τὰ περισσότερα εἰς Βελγικὴν στρατεύματα μέσα εἰς τὰ σπλάγχνα τῆς Ζεελάνδας καὶ Ὁλλάνδας, καὶ κατὰ τοῦτο θέλουν ἐπιστηριχθῆ παρὰ τῶν κατοίκων τῆς ἐπαρχίας Οὐτρέκ, ὅπου τὰ πνεύματα κλίνουν εἰς τὸν Γαλλισμόν. Ἐν ταυτῷ τὰ περισσότερα καράϐια πραγματευτάδικα τῆς Φράντζας ἑτοιμάζονται, μὴν ἔχοντα ἤδη κέρδος, νὰ μεταϐληθοῦν εἰς πειράτας διὰ νὰ πέσουν ἐπάνω εἰς τοὺς παχεῖς Ὁλλανδέζους πραγματευτάς, ὁμοίως καὶ εἰς τοὺς παμπληθεῖς Ἐγγλέζους ὁποῦ σκεπάζουν σχεδὸν ἤδη τὸν Ὠκεανὸν μὲ τὰ ἐμπορικά των πλοῖα. Διὰ τοῦτο ὁ πόλεμος κατ' αὐτῶν τῶν ἐθνῶν, ἀναζωπυρῶν τὸ φιλοκερδὲς καὶ τὸ πλεονεκτικὸν τῶν λιμένων, προξενεῖ περισσοτέραν χαρὰν παρὰ ταραχήν· καὶ, κατὰ τὸ λέγειν τοῦ μινίστρου τῆς ναυτικῆς, εἰς τὴν πρώτην ἄνοιξιν, ἡ Φράντζα θέλει εἶσθαι εἰς κατάστασιν νὰ πολεμήσῃ ὅλην τὴν οἰκουμένην, εἰ χρεία, μὲ τὸ ναυτικόν της, τὸ ὁποῖον εἶναι εἰς καλλιτέραν κατάστασιν ἀπὸ ὅ,τι ἦτον εἰς καιρὸν τοῦ Λουδοβίκου ΙΔ· ὡς τόσον, κατὰ τὸ παρὸν, δὲν ἑτοιμάζονται παρὰ 50 καράβια τῆς λίνεας, δηλ. κατ' ἀναλογίαν τῶν ὧν ἑτοιμάζει ἡ Ἰγγλιτέρα.

Καθὼς ἠκολούθησε μέχρι τοῦδε, τὰ ἑπόμενα περιστατικὰ, καὶ τώρα μάλιστα ὁποῦ οἱ μινίστροι τοῦ Γεωργίου πρέπει νὰ ῥίψουν τὸ προσωπεῖον ἐξ αἰτίας τοῦ ἀποκεφαλισμοῦ τοῦ Λουδοβίκου, θέλουν ὑπαγορεύσει τὰς ἀναγκαίας προφυλακὰς δεφενσίβας καὶ ὀφενσίβας· κατὰ τὸ παρὸν, σὲ βεβαιώνω ὅτι μετ' οὐ πολὺ θέλεις μάθει ὅτι ἑτοιμάσθη, ἐπάνω εἰς τὸν Ὠκεανὸν, ἕνας στόλος ὅσον ἀξιοθαύμαστος ὅσον καὶ ἐκεῖνος ὁποῦ ἀνεφάνη καὶ ὁποῦ θαλασσοκρατεῖ ἤδη εἰς τὴν Μεσόγειον· ἡ εὐταξία καὶ ἡ ναυτικὴ ἐπιστήμη ἐπαινέθη σχεδὸν ἀπὸ ὅλους τοὺς Νεαπολιτάνους καὶ ἄλλους κατοίκους τῆς Ἰταλίας· ἔτυχε νὰ ἀρράξουν εἰς ἕνα νησὶ τοῦ μεγάλου δουκὸς τῆς Τοσκάνας, καὶ ἐφέρθησαν μὲ τέτοιαν εὐγένειαν καὶ φιλανθρωπίαν ὁποῦ γενικῶς ἐπεκροτήθησαν. Λοιπὸν πίστευε ἐκείνους ὁποῦ σὲ διηγοῦντο μέχρι τοῦδε ὅτι ἡ Φράντζα εἶναι ἐξωλεθρευμένη, ὅτι δὲν ἔχει μήτε στράτευμα, μήτε καράβια, μήτε ἄσπρα! οἱ τοιοῦτοι πολιτικοὶ προλελειμμένοι γενικῶς κατὰ τοῦ δημοτικοῦ συστήματος βλέπουν τὰ περιστατικὰ διὰ τοῦ πρίσματος τῶν παθημάτων των· ἐγὼ ὅμως καυχῶμαι ὅτι, μέχρι τοῦδε, δὲν ἀπατήθην εἰς τὸν τρόπον τοῦ θεωρεῖν μου· πρῶτον, μὲ τὸ νὰ ἔχω μίαν ἀκριβῆ ἰδέαν αὐτοῦ τοῦ τόπου, τὸν ὁποῖον τὸν ἐσπούδασα· δεύτερον, μὲ τὸ νὰ μὴν παραβάλλω τὸν παρόντα αἰῶνα, τὰ ἤθη καὶ τὸ πνεῦμα τοῦ ἔθνους, μὲ τοὺς παλαιοὺς καιροὺς, καὶ τὰς πάλαι δημοκρατίας· τρίτον, μὲ τὸ νὰ γνωρίζω τὰ ἀσθενῆ ἠθικὰ μέσα τῶν ὑπεναντίων, καὶ τὸ πόσον ὀλίγον θέλουν εὐδοκιμήσει εἰς αὐτὴν τὴν πάλην ἄνισον, κατὰ τὸ φαινόμενον, διὰ τοὺς Φραντζέζους, ὠφελιμωτάτην ὅμως διὰ τὸ ἀνθρώπινον γένος, ὡσὰν ὁποῦ δεικνύει γυμνὰς τὰς πρωταιτίους ἀρχὰς τῆς φιλοτιμίας μερικῶν ἀνθρώπων, ὁποῦ δὲν ἔχουν ἄλλο σύστημα παρὰ νὰ καταπατοῦν τὴν ἀνθρωπότητα, καὶ ἐπικυροῦν τὸ ἐλευθέριον πνεῦμα ἑνὸς ἔθνους· ὁποῦ, διὰ νὰ καταστρέψῃ τὸ κράτος τῶν προλήψεων, τολμᾷ νὰ κηρύξῃ τὸν πόλεμον εἰς ὅλους ὅσους ἀπατοῦν τὰ ἔθνη, καὶ πάσχουν νὰ ἐμποδίσουν τὰς προόδους τοῦ πνεύματος.

Ἂν εἶχα καιρὸν καὶ ὁ ἐπιστολικὸς χαρακτὴρ μὲ ἐπέτρεπε, ἐπιθυμοῦσα νὰ ἀποκριθῶ εἰς μερικοὺς συλλογισμοὺς ὁποῦ κάμνεις εἰς τὸ

Lettres de Stamaty. 59

ἐξαίρετον καὶ τῷ ὄντι βαθύνουν γράμμα ὁποῦ ἔλαβα χθὲς 18/29 Δεκεμβρίου. Στοχάζομαι ὅμως ὅτι ἐκεῖνο ὁποῦ ἐν συνομιλίᾳ ἠμπορεῖ νὰ ἰντερεσάρῃ δύο φιλομαθῆ καὶ συνηθισμένα εἰς τὸ ἐννοεῖν πνεύματα, χάνει τρόπον τινὰ τὸ κέντρον ὁποῦ ἐγγίζει τὴν περιέργειαν, πραγματευόμενον διὰ γραμμάτων, τῶν ὁποίων ἡ ἀμοιβαία ἀπόκρισις ἀπαιτεῖ δύο μηνῶν ἄργητα. Τόσον ὅμως σὲ σημειῶ ὅτι, κατὰ τὴν κατάστασιν ἤδη τῶν πνευμάτων εἰς τὴν Φράντζαν, δὲν πρέπει νὰ νομίσῃς ὅτι αἱ ἔνδω διχόνοιαι καὶ αἱ μικροπρέπειαι μερικῶν δημοθορύβων ὁποῦ ὀγκώνουν τὰς παγατελὰς καὶ σμικρύνουν τὰ μεγάλα, ἠμποροῦν νὰ λάβουν μίαν ὁποιανδήποτε ἐπίρροιαν εἰς τὴν πολεμικὴν ψυχὴν τοῦ ἔθνους· τοῦτο δὲν ἀκολουθοῦσε σχεδὸν μήτε εἰς τὴν Ῥώμην, μήτε εἰς τὰς Ἀθήνας, ὅπου ὁ δῆμος ἀνακατωνοῦτο εἰς τὰς χειροτονίας τῶν ἀρχόντων καὶ τῶν στρατηγῶν, ἐδιώρισεν ἀμέσως τὰς ἐκστρατείας, ἐδέχετο καὶ ἔστελνε πρεσβείας, καὶ ἔκαμνε σπονδὰς καὶ εἰρήνας χωρὶς μεσαίων· καὶ μ' ὅλον τοῦτο, μέχρι τῆς ἐν Χαιρωνείᾳ μάχης, ἡ ἀνδρεία τῶν Ἀθηναίων κατέστρεφεν ὅλα τὰ ἐμπόδια, πολλῷ μᾶλλον ἐδῶ εἰς τὴν Φράντζαν, ἡ ὁποία, μὲ ὅλην τὴν φαινομένην ἀκαταστασίαν, ἔχει μίαν σειρὰν τάξεως, ἕνα εἶδος διοικήσεως ἀσυγκρίτως προτιμότερον ἀπὸ τὴν ἁπλῆν δημοκρατίαν τῶν παλαιῶν, οἱ ὁποῖοι καὶ (mot biffé) ἦταν πολλὰ μακρὰ ἀπὸ τὰς ἀληθεῖς ἀρχὰς τῆς διοικήσεως, μὲ ὅλα ὁποῦ ἡ ἠθική των νομοθεσία ἦτον ὑγιεστέρα τῆς τῶν νεωτέρων. Ἡ παρατήρησις ὅμως ὁποῦ κάμνεις εἶναι ὀρθὴ, ὅτι δηλ. οἱ Φραντζέζοι μὴν ἔχοντες συμμάχους, καὶ ὄντες καταλελειμμένοι, δυσκόλως μέχρι τέλους θέλουν εὐδοκιμήσει, ἂν δὲν ἐναγκαλισθοῦν ἕνα πολιτικὸν σύστημα· τοῦτο εἶναι ἀναντίρρητον. Πλὴν τὸ κατὰ διάμετρον ἀντικείμενον τῶν ἀρχῶν τῶν δημοκράτων τῆς Φράντζας μετὰ τῶν ἄλλων διοικήσεων, ἀποτελεῖ καθ' ὅλου ἀσυμβίβαστον κάθε ἰδέαν συμμαχίας, ἔξω ἂν οἱ γείτονες δὲν αἰσθανθοῦν ἰδίαις δαπάναις τὸν κίνδυνον μιᾶς καταστρεπτικῆς ἀντιστάσεως, τοιούτῳ τρόπῳ ἡ Φράντζα ἠμπορεῖ μετ' οὐ πολὺ νὰ συμμαχήσῃ μὲ τοὺς μεγαλητέρους της ἤδη ἐχθρούς· ἄλλως εἶναι τῶν ἀδυνάτων, καὶ ἰδοὺ κατά τι ἠπατήθη ὁ Δουμουριὲ, ὧν εἰς τὰ πεδία τῆς Σαμπανίας, μὴν εὐχαριστηθεὶς τὸ νὰ κάμνη τόσον ἐνδόξως τὸν Φάβιον ἐναντίον τοῦ βασιλέως τῆς Προυσίας, ἐφιλοτιμήθη νὰ φανῇ πολιτικὸς καὶ παρεμφερὴς μὲ τὸν Ῥισελιού· ὁ Προυσοβὶχ ἐπιτηδειότερος κατά την επιστήμην των αυλών παρά κατά τά πολεμικά έθεράπευσε το φιλαυτικόν του ταξιάρχου, και έπέτυχε την ευκαιρίαν όπου έζητούσε νά γλυτώση τό στράτευμά του από ένα όλεθρον, ό όποιος ήτον άφευκτος, άν ό Δουμουριέ είχεν προτιμήσει τάς μάχας των πραγματειών όπου έβαλεν εις πράξιν διά νά διαιρέση τόν Πρου. των Αού. Έπρεπε νά πληροφορηθή ό ίδιος ότι είναι των αδυνάτων όπου, εις την παρούσαν κατάστασιν, οί γειτνιάζοντες μονάρχαι νά στέρξουν ποτέ, νά συμμαχήσουν ποτέ μέ ένα έθνος του όποίου αί πολιτικαί δόξαι είναι σχεδόν καταστρεπτικαί κάθε παλαιάς πολιτικής ιεραρχίας. Ἡ πληροφορία λοιπόν, όπου έχουν οί πατριώται ότι είναι μόνοι εις τον κόσμον, και ότι δέν έλπίζουν από κανένα, αύξάνει την ένέργειαν τής ψυχής των, και τούς δίδει μίαν ανδρείαν όπου ύπερβαίνει κάθε ανθρώπινον ιδέαν.

Είναι κουριόζο όπου την ίδίαν ήμέραν, δηλ. τή 21 Ιανουαρίου, όπου άπεκεφαλίσθη ό πρώην και έσχατος βασιλεύς, έλαβα και το γράμμα σου, εν ώ μέ κάμνεις συλλογισμούς όρθοτάτους επάνω εις το μικροπρεπές τῶν Φραντζέζων, όπου ενασχολούνται διά ένα υποκείμενον άνωφελές κατά πάντα, άντί τών μεγάλων πραγμάτων όπου πρέπει κατ' έξοχήν νά προσηλώνουν την προσοχήν των. Εγώ είχα την αυτήν γνώμην, και αναφανδόν τό έλεγα πανταχού · επειδή όμως και ήκολούθησεν ή καταδίκη, ημπορώ νά την είπώ, ότι δέν πρέπει νά την θεωρήσης ως μίαν εκδίκησιν, αλλά ως μίαν τιμωρίαν όπου οί δημοτικοί, όπου κρίνουν και ζυγιάζουν όλα εις την ζυγοσταθμίαν τής ισότητος και του δικαίου, έπρεπε αφεύκτως νά διανείμουν εις ένα μονάρχην υπεύθυνον, καθώς και εις ένα απλούν πολίτην, άλλως ή ισότης δέν ήθελεν είσθαι παρά μία γελοία χίμαιρα, οι νόμοι και τά δίκαια τών εθνών το παίγνιον τών φαντασιών τών εστεμμένων ληστών, και ή ελευθερία υποκειμένη εις το κράτος τής τυραννίας· έπειτα δέν θαυμάζεις την τόλμην και την μεγαλοφροσύνην αυτού του έθνους εις την ίδίαν στιγμήν όπου καταδικάζει τον βασιλέα του, υπέρ του οποίου όλη ή Ευρώπη διηγέρθη έκ τών θεμελίων της και έκλονήθη κατά τής Φράντζας, οί φοβερισμοί τής Ιγγλιτέρας, αί παρακλήσεις τής Ισπανίας δέν εκατόρθωσαν την παραμικράν ύφεσιν ε ς μίαν τιμωρίαν όπου ταπεινώνει τούς βασιλικούς θρόνους, και όπου ατιμά την φαμιλίαν τών Πουρπόνων, έπειτα είναι φανερόν ότι ή πολιτική, την οποίαν οί συνήγοροι

του απεχαλούντο, απαιτούσε τὸν θάνατον ενός ανθρώπου, ὁ ὁποῖος, μὲ
ὅλα ὁποῦ ἦτον σφαλμένος, ἀναζωπυρούσε εἰς ὅλας τὰς γωνίας τῆς βα-
σιλείας τὰς κατὰ τῆς ἐλευθερίας ἀποστασίας, καὶ τὰς ταραχὰς τοῦ
δήμου, καὶ ἔτρεφε τὰς ἐλπίδας τῶν ἐχθρῶν μας· λοιπὸν τὸ ἀξίωμα
τοῦ ἔθνους, τὸ δίκαιον, καὶ ἡ πολιτικὴ συμφώνως ἐζητοῦσαν τὴν κα-
ταδίκην ἀνθρώπου τοῦ εἰδώλου τῶν ἠλιθίων, τῶν φανητισκῶν, καὶ τῶν
ἐχθρῶν τῆς Φράντζας.

Δὲν σὲ διηγοῦμαι κατὰ πλάτος τὸν τρόπον μὲ τὸν ὁποῖον ἐτιμω-
ρήθη, ὡσὰν ὁποῦ θέλεις ἐν καιρῷ τὸ ἰδεῖ μέσα εἰς τὰς γαζέτας· μὲ
τὸ νὰ ἐστάθην ὅμως κατὰ μέρος αὐτόπτης τοῦ θανάτου του, ἠμπορῶ
νὰ σὲ βεβαιώσω ὅτι ἀπέθανε μὲ τὴν ἀνδρείαν ὁποῦ ἡ πίστις ἐμπνέει
εἰς ἕνα ἄνθρωπον ὁποῦ νομίζει τὸν ἑαυτόν του μάρτυρα καὶ ἅγιον.
Ἄφησε ἕνα εἶδος διαθήκης ὅπου ὁμιλεῖ τὴν γλῶσσαν τοῦ ὀγδόου
αἰῶνος, δηλ. τὴν τῆς δεισιδαιμονίας, καθὼς θέλεις τὸ ἰδεῖ ὁ ἴδιος μέσα
εἰς τὴν γαζέταν τῆς Φράντζας. Ὅταν ἔφθασε ἐπάνω εἰς τὴν γκιλο-
τίναν (τῆς ὁποίας σὲ περικλείω ἓν ξόμπλι), ἔκαμε ἕνα εἶδος προσευχῆς
φράγκικης καὶ ἐζήτησε νὰ δημηγορήσῃ. Ὁ ἦχος ὅμως τῶν ταμπουρ-
ρίων τὸν ἐμπόδισε. Εὐθὺς ὁποῦ ἔπεσε τὸ κεφάλι του μέσα εἰς τὸ σακκὶ,
ὅλο τὸ στράτευμα ὁποῦ ἦτον πέριξ (καὶ ὁ ἀριθμὸς, ἐκείνην τὴν ἡμέραν,
ὑπερέβαινε τοὺς 100 χιλ.) ὁμοβοεὶ ἐφώναζε « Ζήτω τὸ ἔθνος »,
« Ζήτω ἡ δημοκρατία ». Ἡ χαρὰ τῶν σολδάτων ἦτον ἀνεκδιή-
γητος, οἱ ρογιαλίσται μήτε ἐτόλμησαν νὰ φανοῦν διὰ νὰ γλυτώσουν
τὸν δεσπότην των. Ἕνας ὅμως τῶν σωματοφυλάκων ἐφόνευσεν ἕνα
δεπουτάτον ὁ ὁποῖος εἶχε ψηφίσει διὰ τὸν θάνατον τοῦ βασιλέως.
Ἄλλο συμβὰν δὲν ἠκολούθησε ἀπὸ πρόχθες.

Ἀδελφέ, ἐγὼ σοὶ εἶχα γράψει, καθὼς μὲ φαίνεται, ὅτι ἡ Ἐγκυ-
κλοπαιδεία εἶναι ἤδη εἰς τὴν 50ην λιβρεζόνε της, καὶ ἀκολούθως
ὅτι ἤλπιζα μὲ τὰ 400 γρόσια, ἠμποροῦσα νὰ τὴν ἀγοράσω ὅλην τὴν
μέχρι τοῦδε· διατί ὅμως σὺ ἐστοχάσθης ὅτι μὲ αὐτὴν τὴν ποσότητα
ἠμπορεῖ νὰ ἀγορασθῇ δεμένη, πρᾶγμα ἀδύνατον, ὡσὰν ὁποῦ κοστίζει
σχεδὸν διπλᾶ οὖσα δεμένη. Ὅσα διὰ τὰς ἀκολούθους λιβρεζόνες ὁποῦ
θέλουν ἐκδοθῇ, ἀφεύκτως πρέπει νὰ ἔχῃς ἐδῶ ἕνα ἄνθρωπον ὁποῦ νὰ
τὰς ἀγοράζῃ, καθὼς φαίνονται, καὶ νὰ σοὶ τὰς στείλῃ, καὶ κατὰ τοῦτο
ἐλπίζω ὅτι θέλω σοὶ δουλεύσει. Λοιπὸν γράψε τοῦ Μαμάρκα νὰ μοὶ

στείλη εἰς λίτραις Φραντζέζικαις 1474, καὶ σὲ βεβαιώνω ὅτι θέλω σοὶ τὴν ἀποκτήσει ὄχι δεμένην μὲ πετζί, ἀλλὰ μὲ χαρτὶ μαβύ. Ὅσο διὰ τὰ ἄλλα βιβλιάρια ὁποῦ μὲ ζητεῖς, θέλουν σοὶ σταλθῇ εὐθὺς ὁποῦ ὁ Μαμάρας μὲ ἀποκρίθη ὅτι ἠμποροῦν νὰ διαπεράσουν διὰ Βιέννης, χωρὶς νὰ ἐμποδισθοῦν ἀπὸ τὰ κουμέρκια· ὁ ταπάκος θέλει ἐγχειρισθῇ τῷ Τιλλί, ὅστις ἀκόμη εὑρίσκεται ἐδῶ. Μετ' ὀλίγας ὅμως [ἡμέρας] θέλει κινήσει διὰ Τουλὸν, ὅπου μία φρεγάτα τὸν προσμένει διὰ νὰ τὸν μεταφέρῃ εἰς Πόλιν, ὁμοῦ μὲ τὸν ναυπηγὸν ὁποῦ ἐζήτησε ὁ Καπεταν-πασᾶς, καὶ τοὺς τέσσαρεις μαστόρους· ὁποῦ σᾶς στέλλω.

Τὰ ἀλλεπάλληλα γράμματα ὁποῦ πρέπει νὰ ἔλαβες ἀπὸ πρώτης Δεκεμβρίου μέχρι τοῦδε δὲν σοὶ δίδουν, καθὼς ἐλπίζω, καμμίαν λαβὴν ἐλέγχους κατὰ τοῦ ζήλου μου. Εἶδες ὅτι δὲν ἀμέλησα κατ' οὐδὲν εἰς τὸ νὰ σὲ εἰδοποιήσω ἐν καιρῷ τὰ δέοντα· ἂν ἄργησαν, δὲν εἶναι σφάλμα μου. Ὅσον διὰ τὸ ἔλεγχος ὁποῦ μὲ κάμνεις διὰ τὸν δρόμον τῆς ἐσκάδρας τῆς ἀπὸ Δουνκὲρχ, σὲ βεβαιώνω ὅτι δὲν τὸν μεριτάρω, δὲν σὲ τὸν ἐσιώπησα ἐπειδὴ καὶ ἐφοβούμουν, ἀλλὰ μὲ τὸ νὰ ἐνόμιζα τότε ὅτι ἦτο δυνατὸν νὰ ἐκστρατεύσῃ κατὰ τῶν λιμένων τῆς Ὁλλάνδας, ἐν ᾧ ἐφαίνετο ὅτι ὁ Δουμουριὲ ἐπροχωροῦσε εἰς τὰ σύνορά της, καὶ ἀπορῶ τώρα ὁ ἴδιος διατὶ ῥητῶς δὲν σὲ ἔγραψα τὸν κατὰ τῆς Ἀνβὲρ σκοπόν· ἐπειδὴ εἶμαι βέβαιος ὅτι δὲν μὲ ἐλάνθανε.

Ἀπὸ τὰ γράμματα τοῦ πατρός μου, ὁποῦ ἔλαβον τόσον ἀργὰ, εἶδον ὅτι τὸ πρὸς τὸ Ὕψος του γράμμα μου ἔφθασε· λοιπὸν πῶς δὲν μὲ ἀνέφερες τίποτε εἰς τὰ γράμματά σου; ἐξήγησέ με, σὲ παρακαλῶ, αὐτὸ τὸ ἀσαφὲς αἴνιγμα. Ἔπειτα δὲν ἠξεύρω διὰ ποῖον αἴτιον ὁ Ῥούστης ἐβάσταζε τόσον καιρὸν τὰ γράμματα τοῦ πατρός μου, τὰ ὁποῖα δὲν μὲ ἔφθασαν παρὰ πρόχθες. Ἐξέχασα πρόχθες νὰ σοὶ γράψω ὅτι ὁ Ῥούστης μὲ ἔγραψε ὅτι εἰς τὸ ἑξῆς νὰ μὴν τὸν διριτζάρω γράμματα ὁποῦ τρατάρουν πολιτικὰς ὑποθέσεις· εἰς τὸ ὁποῖον τὸν ἀπεκρίθην ὅτι ποτὲ τὰ γράμματα ὁποῦ γράφω ἐνίοτε εἰς τὸν πατέρα μου, καὶ εἰς σὲ τὸν φίλον μου, δὲν περιέχουν παρὰ ἀδιαφόρους ὑποθέσεις ὁποῦ πολλάκις ἀναφέρω διὰ νὰ εὐχαριστήσω τὴν περιέργειάν σας, καὶ ὄχι μὲ σκοπὸν διὰ νὰ ἀνακατώνωμαι εἰς πολιτικὰς δουλείας. Διὰ τοῦτο εἰς τὸ ἑξῆς σοὶ στέλλω κατ' εὐθεῖαν τὰ γράμματά μου, ἢ διὰ τοῦ Μαμάρα, ἢ διὰ τοῦ Μανιχάτη, μέχρις ὅτου καὶ ἐκεῖνοι νὰ μοὶ γράψουν ὅτι ήμποροϋν νά ριψοκινδυνεύσουν. Ό Μαμάρας ακόμη δεν μέ έστειλε τά 207 f. · τά 150 τά έλαβα μέ αρκετό χάσιμο τοϋ καμπίου. Προσμένω τά τοϋ πατρός μου, όμοϋ καί τά ύποσχεθέντα άϊβασιλιάτικα.

Σοί ευχαριστώ διά τάς περί τοϋ Σραζέλ ειδήσεις όποϋ μοί έδωκες. Μας ωφέλησαν κατά τι, έπρεπε όμως νά βαθύνης περαπάνω το νόημα των ών σοί έγραψα μέχρι τοϋδε· καί τότε βέβαια, μάλιστα τώρα όποϋ έχομεν τό όργανον των Σιμεών, δέν ήθελες δείξει τόσην διάκρισιν εις τάς προσωπικάς κρίσεις όποϋ σέ έζητοϋσα.

Έπειτα μοί γράφεις ότι έλαβες τό 36 καί 37 νούμερα όποϋ σοί έγραφα περί τοϋ Τιλλί, περί ού καμμίαν άπόκρισιν δέν μοί δίδεις · τί ήμπορώ νά στοχασθώ από όλα αυτά παρά μίαν άντίφρασιν μέ τά όσα μοί έγραψες πρότερα, μέ εκείνο όποϋ τό καθήκον καί τό χρέος της δουλεύσεώς σου σέ ύποχρεώνουν νά κάμης; άλλως αμφότεροι αποτυγχάνομεν τοϋ κοινού μας σκοποϋ τοϋ νά δουλεύσωμεν τω Ύψει του.

Προσμένω νά μάθω άν άρχισε ή κορρισπονδένζα σου μετά τοϋ εις Χαμποϋργ φίλου, καί άν ευαρεστείσαι· μοί έστάθη αδύνατον νά εύρω εις Περλίνι καθώς τόν ζητάς· όλοι έκεί τρέμουν καί φοβούνται τό φρούριον τοϋ Σπανδό, όπου ό βασιλεύς στέλλει όσους τολμούν νά έννοήσουν. Ηύρα ένα όμως αύλικόν, καί ακολούθως ψεύστην καί άπατεώνα. Ελπίζω λοιπόν ότι θέλεις εύχαριστηθή από τόν εις Χαμπούργ, όστις είναι εις κατάστασιν νά σέ προξενήση άλλους εις άλλα μέρη.

Ό γ. παρόν Δεπολίν, στρατοπεδεύων κοντά εις Λουξαμπούργ μέ έν σώμα 20 χιλιάδων, μαθών ότι έν σώμα Φραντζέζων προχωρεί εις Λουξαμπούργ, καί μαζώνει δοσίματα, έκαμε μίαν κίνησιν έμπροσθεν· τούτο όμως δέν τούς έμπόδισε τοϋ σκοπού των καί τοϋ νά τραβιχθοϋν μέ μεγάλην ευταξίαν.

Μία άναθεώρησις γενική τοϋ έν πάση Βελγική καί Λιέζ γαλλικοϋ στρατεύματος δηλοποιεί ότι ύπερβαίνουν τούς 120 χιλι.

Τά γράμματα της Χάϊας μας μανθάνουν ότι σώζεται μία μεγάλη ενέργεια κοινολογίας μεταξύ τοϋ καπινέτου της Λόνδρας καί Περλινίου. Ή εσκάδρα τής Εγγλιτέρας ύπό τοϋ άμιράλ Μουρέ ευρίσκεται έμπροσθεν εις Φλεσίγγ· οί σκοποί του ακόμη δέν είναι γνωστοί. Μ' όλον τοϋτο υποθέτουν, καί τό έμήνυσαν μάλιστα έδώ, ότι έχει κατά νοϋν νά πλοχάρη τόν μικρόν Φραντζέζιχον στόλον όποϋ έμβήκεν εις τόν

Έσκώ. Ὁ κομμώδορος Μουρὲ ἔκαμεν ἕνα ταξείδι εἰς Χαὶ ὅπου, ἀφ' οὖ συνωμίλησε μετὰ τοῦ Σταθούδερ, ἐκίνησε διὰ Φρανκφὸρ, ὅπου ἔχει νὰ ἀνταμωθῆ μετὰ τοῦ Προυσίχ.

Ἄκουσα ὅτι ἡ διοίκησις τῆς Αὐστρίας ἔπιασε δύο Ῥωμαίους εἰς Τριέστι, καὶ ἄλλους δύο εἰς Βιέννην, ἐπὶ κατηγορίᾳ προδοσίας. Παρακαλῶ νὰ μοὶ σημειώσῃς ἂν τοῦτο ἀληθεύῃ.

Παρίσι, τῇ 16/27 Ἰανουαρίου, 1793.
Δεύτερον ἔτος ἀπὸ τῆς Δημοκρατίας.

Nº Θ.

Ἀδελφέ, ἠκολούθησε κἄποια διακοπὴ εἰς τὴν ἀποστολὴν τῶν γραμμάτων αὐτῆς τῆς ἑβδομάδος, ἐξ αἰτίας μερικῶν περιστάσεων ὁποῦ μὲ ἐμπόδισαν νὰ ὑπάγω εἰς τὴν πόσταν, διὰ νὰ βάλλω τὸ παρελθόν μου νούμερον. Ὁμοίως δὲν ἠμπόρεσα νὰ στείλω τὰς γαζέτας τῆς Φράντζας, ἐπειδὴ ἐπρόσμενα νὰ βάλλω ἄλλην τάξιν εἰς τὴν ἀποστολήν, ὁποῦ νὰ σοὶ στέλωνται ἀπὸ τὸν σεχρητάριον τοῦ μινίστρου· διὰ τοῦτο δὲν πρέπει νὰ θαυμάσῃς ἂν δὲν τὰς λάβῃς μετὰ μερικὰς ἡμέρας, ἕως δηλαδὴ νὰ διορισθῇ ἐδῶ ἕνας τρόπος ἀσφαλὴς εἰς τὸ νὰ σοὶ στέλλωνται κατὰ συνέχειαν.

Ἀφ' ὅτου ἠκολούθησε ἡ καταδίκη τοῦ ἐσχάτου βασιλέως, ἡ κοινὴ ἡσυχία δὲν ἐταράχθη μέχρι τοῦδε· ἐξ ἐναντίας παρατηροῦμεν περισσοτέραν ἁρμονίαν καὶ ὁμόνοιαν μεταξὺ τῶν μελῶν τῆς Ἐθνικῆς Συνόδου, καὶ τῶν ἄλλων πολιτῶν· ὅλοι προσμένουν μὲ ἀνυπομονησίαν τὴν συναίσθησιν καὶ τὰ ἀποτελέσματα ὁποῦ θέλει προξενήσει αὐτὴ ἡ φοβερὰ ὑπόθεσις, τόσον εἰς τὰ πολιτικὰ συστήματα τῶν διοικήσεων ὅσον καὶ εἰς τὰς προλήψεις τῶν πέριξ ἐθνῶν. Μέχρις ὅμως τῆς σήμερον, δὲν ἔχομεν ἀκόμη κἀμμίας εἰδήσεις παρὰ ἀπὸ τὰ πλησιόχωρα δεπαρταμέντα, τὰ ὁποῖα προσφέρουν τῇ Ἐθνικῇ Συνόδῳ εὐχαριστίας διὰ τὸν θάνατον τοῦ τυράννου.

Εἶχε διαδοθῇ ὅτι μία μεγάλη φορτούνα, ὁποῦ ἠκολούθησε εἰς τὴν Μεσόγειον, διεσκόρπισε τὸν στόλον, καὶ ὅτι μάλιστα μερικὰ καράβια ἔχασαν τὰ καταρτιά των· αὐτὴ ἡ φήμη κατὰ μέρος ἔχει κἄποιαν ἀλήθειαν, ὡσὰν ὁποῦ φαίνεται βέβαιον ὅτι τὸ καράβι Λαγγεδὸκ 90 τοπίων ἐξαναμβῆκε μέσα εἰς τὸν λιμένα τῆς Νεαπόλεως, ὅπου ὁ βασιλεὺς τῷ ἔδωσε μεγάλας βοηθείας διὰ νὰ διορθωθῇ. Ἐν ταυτῷ μία φρεγάτα, ἡ Πέρλα, ἐναυάγησε εἰς τὰ παράλια τῆς Κόρσικας· οἱ ἄνθρωποι ὅμως ἐγλύτωσαν. Τὰ ἄλλα καράβια δὲν ἔπαθαν κἀμμίαν ζημίαν, καὶ εἶναι σῶα καὶ ἀκέραια.

Σήμερον εἶδα ἓν γράμμα ἑνὸς πραγματευτοῦ ἀπὸ Μασσιλίας, ὅστις εἰδοποιεῖ ὅτι ὁ στόλος μας ἔκαμε τὴν προσδοκουμένην ἔφοδον ἐπάνω τῆς νήσου Σαρδινίας, τὴν ὁποίαν τὴν ὑπέταξαν ἐξ ὁλοκλήρου. Αὐτὸ τὸ νέον τὸ γράφει ὡς βέβαιον (18 Ἰανουαρίου). Ἀκόμη ὅμως ὁ μινίστρος τῆς μαρίνας δὲν τὸ ἐδηλοποίησεν ἐξ ἐπαγγέλματος· διὰ τοῦτο δὲν σοὶ τὸ γράφω παρὰ ὡς φήμην ἔχουσαν ἱκανοὺς βαθμοὺς πιθανολογίας.

Εἰς Λόνδραν, καθὼς βλέπω, εἶναι μία μεγάλη ἀβεβαιότης εἰς τὰ πνεύματα περὶ τοῦ πολέμου ἢ περὶ τῆς εἰρήνης. Αἱ ἑτοιμασίαι τοῦ πολέμου αὐξάνουν ἡμέρᾳ τῇ ἡμέρᾳ· νέα καράβια βάζονται εἰς κομμισσιόνε εἰς τοὺς διαφόρους λιμένας· καί, καθὼς λέγουν, ἐδόθησαν προσταγαὶ ὁποῦ νὰ ἀρχίσῃ ἡ βία (presse) τῶν ναυτῶν.

Ἀκολουθοῦν συνεχεῖς συνομιλίαι μεταξὺ τῶν μινίστρων τῆς Ἰσπανίας, Ὁλλάνδας καὶ Σαρδινίας καὶ τοῦ Λὸρδ Γκρανβὶλ. Αὐτὸς ὁ μινίστρος εἰς τὴν ἐσχάτην τοῦ ἀπόκρισιν, ὁποῦ ἔκαμε τῷ Σοβελὲν, παράστησε τὰς κυριεύσεις τῶν Φραντζέζων, ὄχι ὡς παρασπονδάς, ἀλλὰ ὡς μέσα τοῦ νὰ διασπείρουν μίαν διδασκαλίαν βλαπτικὴν τῶν γειτνιαζουσῶν διοικήσεων· ἀκολούθως προσφέρει τὴν οὐδετερότητα τῆς Ἰγγλιτέρας, ἂν ἡ Φράντζα ἀφήσῃ τοὺς τόπους ὅπου ἐκυρίευσε.

Χθὲς ἕνας κουριέρης ἐστάλθη ἐντεῦθεν διὰ νὰ ἀνακαλέσῃ ἀπὸ Λόνδρας ἐξ ἐπαγγέλματος τὸν μινίστρον Σοβελὲν, ὁ ὁποῖος πρὸ ἡμερῶν ἑτοιμάζετο νὰ ἐπιστρέψῃ ἐδῶ. Μὴν συμπεράνῃς ὅμως ἐκ τούτου ὅτι κάθε νεγκοσιασιόνε ἔπαυσε μετὰ τοῦ καπινέτου τῆς Λόνδρας, τὸ ὁποῖον δὲν ἦτον ἀποφασισμένον νὰ παύσῃ κάθε εἶδος κοινολογίας μεθ' ἡμῶν· διὰ τοῦτο, δηλαδὴ διὰ νὰ ἐπαναλάβουν αἱ πραγματεῖαι, ὁ Μαρὰτ, ὅπου συνωμίλησε πολλάκις μετὰ τοῦ Πὶτ, καὶ ὅπου εἶχεν ἐπιστρέψει εἰς Παρίσι πρὸ ἑνὸς μηνός, ἐκίνησε πρόχθες τὸ βράδυ διὰ νὰ ἐπιστρέψῃ εἰς Λόνδραν, ἐπὶ χαρακτῆρι ἀγέντε τῆς Ῥεπούπλικας. Εἰς τὴν Ἐγγλιτέραν ὅλοι δὲν πιστεύουν ἀκόμη εἰς αὐτὸν τὸν πόλεμον. Ἰδοὺ τί λέγει ἡ Μορνὶγκ-Κρονὶκλ (15 Ἰανουαρίου) : « Τὰ δημόσια κε- « φάλαια ἀνέβηκαν 1/2 pour 100, ὅπερ δεικνύει ὅτι ἡ γνώμη τῆς « Πούρσας κλίνει πρὸς τὴν εἰρήνην· δὲν ἠξεύρομεν ὅμως εἰς τί πρέπει « νὰ ἀποδώσωμεν αὐτὴν τὴν γνώμην, εἰμὴ εἰς τὸ ἀδύνατον τοῦ νὰ « εὑρεθῇ μία εὐλογοφανὴς πρόφασις διὰ νὰ κάμουν αὐτὸν τὸν πό- « λεμον. »

Καθὼς εἰς Λόνδραν ὁμοίως καὶ ἐδῶ εἰς Παρίσι πολλοί, τὸ ὀλιγώτερον μεταξὺ τῶν πατριωτῶν, νομίζουν ὅτι ἡ διοίκησις τῆς Ἐγγλιτέρας δὲν ἐπιθυμᾷ τὸν πόλεμον μὲ τὰ σωστά της. Οἱ Φραντζέζοι, ἐπικαλοῦντες τὸν Πὶτ Mylord préparatif, καὶ ἀνακαλοῦντες τὰς ἀνωφελεῖς ἁρματώσεις κατὰ τῆς Ῥουσίας, θαρροῦν πῶς ἐξηγοῦν ὅλην τὴν πολιτικὴν αὐτοῦ τοῦ μινίστρου. Τοὺς ἐρωτῶ ὅμως διατὶ ἀλησμονοῦν ὅτι ἡ Ἐγγλιτέρα δὲν ἐφοβέρισε τότε τὴν Ῥουσίαν, παρὰ διὰ νὰ τὴν βιάσῃ νὰ κάμῃ μίαν συνθήκην ἐμπορίου ἐπωφελοῦς, διατὶ δὲν στοχάζονται ὅτι, ἡ Ῥουσία μὴν ἔχουσα μήτε ἀποικίας, μήτε ἐμπορικὸν στόλον, ἀκολούθως ἡ Ἐγγλιτέρα δὲν ἠμποροῦσε νὰ πλουτίζῃ πολεμοῦσα κατ' αὐτῆς. Ἔπειτα δὲν ὑπάρχει μεταξὺ τῶν Ῥούσων καὶ Ἐγγλέζων κανένα εἶδος μήτε ἀντιζηλίας μήτε ἔχθρας ἐθνικῆς· ἀπὸ πότε, τοὺς παρακαλῶ νὰ μὲ εἰποῦν, οἱ Ἐγγλέζοι δὲν ἀνατρέφονται διαδεχόμενοι ἕνα προπατορικὸν μῖσος κατὰ τῶν Φραντζέζων, τῶν ὁποίων φθονοῦν τὴν εὐδαιμονίαν; Δὲν ἀμφιβάλλω ὅτι δὲν εὑρίσκεται μεταξὺ εἰς τὸ ἔθνος κάποιος ἀριθμὸς ἀνθρώπων φωτισμένων ἀπὸ μίαν γενικὴν φιλανθρωπίαν, οἱ ὁποῖοι βλέπουν μὲ εὐχαρίστησιν τοὺς Φραντζέζους νὰ ἀποσείουν τὸν ζυγόν, καὶ οἱ ὁποῖοι αἰσθάνονται ὅτι οἱ Ἐγγλέζοι δὲν θέλουν φυλάξει πολὺν καιρὸν τὴν ἐλευθερίαν των, ἂν ἦναι τὸ μόνον ἐλεύθερον ἔθνος τῆς Εὐρώπης. Ποτὲ ὅμως ἡ τῶν Ἐγγλέζων διοίκησις, ἡ πλέον κακοήθης καὶ ἡ πλέον μακιαβελικὴ τῶν διοικήσεων, δὲν ἔπαυσε τοῦ νὰ ἦναι ἐχθρὸς τῆς ἐλευθερίας καὶ τῆς εὐτυχίας τῶν ἄλλων ἐθνῶν, καὶ μάλιστα τῶν Φραντζέζων. Ἂν μέχρι τοῦδε ἐφύλαξε μίαν φαινομένην οὐδετερότητα, δὲν τὸ ἔκαμε διὰ ἄλλο παρὰ διὰ νὰ δώσῃ καιρὸν τῇ Ἰσπανίᾳ νὰ ἐναγκαλισθῇ ἕνα σύστημα ἀμφιρρεπὲς καὶ ἀμφίβολον, παρὰ μὲ τὸ νὰ ἐφοβᾶτο νὰ εὕρῃ μίαν ἀντίστασιν ἐκ μέρους τῆς γνώμης τοῦ δήμου, καὶ μὲ τὸ νὰ εἶχε χρείαν εὐκαιρίας διὰ νὰ ποπουλαρισθῇ. Ἐν τοσούτῳ δὲν ἔπαυσε τοῦ νὰ ἦναι ἡ ψυχὴ τῆς συνωμοσίας· δὲν εἶναι ἡ Ἐγγλιτέρα ὁποῦ εἶναι αἴτιος ὁποῦ ἡ αὐλὴ τῆς Προυσίας ἐξέχασε τὰ προδηλότερά της ἰντερέσσα, συμμαχήσασα τερατωδῶς μετὰ τῆς Αοὐστρίας; Δὲν εἶναι ἡ Ἐγγλιτέρα ὁποῦ μισθώνει τὸν Λανδγράβ δὲ Χὲς, καὶ ἄλλους πρίγκιπας τῆς Γερμανίας; Ἂν εἶδε μὲ ἀδιαφορίαν τοὺς Ρούσους ἐκπορθοῦντας τὴν Λεχίαν, μ' ὅλον ὁποῦ ἡ παρασπονδή των ἠμπορεῖ νὰ ἔχῃ ἑπόμενα ὀλέθρια διὰ ὅλην τὴν Εὐρώπην, εἶναι δι' ἄλλο παρὰ δι' ὅ,τι ἐκαταγίνετο μὲ τὴν ὁλότητα τοῦ νὰ διεγείρῃ ἐχθροὺς κατὰ τῆς Φράντζας, καὶ νὰ τὴν ἐμποδίσῃ νὰ ἐκλέξῃ μίαν πολιτείαν ἐλεύθερον; Ἡ Βριτταννικὴ διοίκησις δὲν εἶχε κᾀμμίαν ἀμφιβολίαν ὅτι ἡ συνωμοσία θέλει ἐπιδώσει. Τώρα ὅμως, ὁποῦ εἶναι βιασμένη νὰ ἀνανεώσῃ τὰ δυνατά της, τώρα ὁποῦ κατήντησε νὰ ἀρέσῃ τῷ πλήθει, ἀναμφιβόλως θέλει ἑνωθῇ μετὰ τῶν ἄλλων συμμάχων.

Μερικαὶ δυστυχίαι, ἄφευκται εἰς ἕνα τοιοῦτον νεωτερισμὸν, τῇ ἔδωκαν τρόπους ἐπιτηδείους τοῦ νὰ ἀπατήσῃ τὰ πνεύματα τοῦ πλήθους· αἱ δημαγωγικαὶ ὕβρεις, ὁποῦ περικλείουν μερικαὶ γαζέται τῆς Φράντζας κατὰ τῶν βασιλευόντων, ἡ ὑποδοχὴ ὁποῦ ἔκαμεν ἡ Ἐθνικὴ Σύνοδος εἰς μερικὰς ἐπιστολὰς ἐκ μέρους Ἐγγλέζων, τοὺς ὁποίους ἴσως τοὺς ἐπλήρωσεν ὁ μινίστρος· τὸ φιλοσοφικὸν δόγμα περὶ τῆς ἐλευθέρου ναυπορίας τοῦ Ἐσκὼ καὶ Λὰ Μὰνς, ἰδοὺ τὰ αἴτια ὁποῦ ἐβοήθησαν τὰς συσκευὰς τῆς διοικήσεως, καὶ ὁποῦ ἔκαμαν ὁποῦ ἡ Φράντζα νὰ χάσῃ ἐκεῖ πολλοὺς ὁπαδούς.

Οἱ κάτοικοι τοῦ πριγκιπάτου τοῦ Μονακὸ εἰς τὰ παραθαλάσσια ἀπέρριψαν τὸν ζυγὸν τοῦ μηχιστάτου δεσπότου των· συναθροισθέντες ἐλευθέρως καὶ δημοσίως, ὅλοι ἐψήφισαν τὴν ἕνωσίν των μετὰ τῆς Ρεπούπλικας τῆς Φράντζας.

Κοντὰ εἰς Στρασπούργ ἐφάνη ἕν σῶμα ἐχθρῶν ὑπὲρ τοὺς 3000, μὲ ἀρκετὰ τόπια. Ὁ σκοπός των φαίνεται ὅτι εἶναι νὰ κάμουν μίαν διβερσιόνε εἰς τὸ στράτευμα τοῦ Κιουστίνη, διὰ νὰ τὸν βιάσουν νὰ ἀφήσῃ τὴν Μαγέντζαν.

Κατὰ τὰ ἀπὸ Ρουρεμὸνδ γράμματα, τὸ στράτευμα ἔκαμε κάποίας κινήσεις. Ὁ γενεράλ Σπιρὰν περνᾷ ἀπὸ τὸ ἄλλο μέρος τῆς Μεούζας, καὶ ὁ γενεράλ Λαμορλιέρ τὸν διαδέχεται. Αἱ προφυλακαί του ἤδη εὑρίσκονται εἰς Βεσαμπέργ· καθ' ὃν καιρὸν, ἓν σῶμα 2000 ἀνθρώπων ἐμβαίνουν εἰς τὸν τόπον τοῦ Ζουλιὲ, εἰς τρόπον ὁποῦ μετ' οὐ πολὺ θέλει συσταθῇ ἐκεῖ ἓν ἱκανὸν στρατόπεδον. Οἱ στρατιῶται ἐκεῖ ἔκαμαν ὅρκον νὰ μὴ πάρουν καντοναμέντα χειμῶνος.

Τρεῖς μεγάλαις φρεγάταις Ὁλλανδέζικαις ἐνώθησαν μὲ τὴν ἐσκάδραν τοῦ Μουραὶ, ἀραγμένην εἰς τὰς ἐκβολὰς τοῦ Ἐσκὼ, ἥτις, μὲ τὸ νὰ ἔχῃ ναυκλήρους τοῦ τόπου, φαίνεται ὅτι ἔχει κατὰ νοῦν νὰ ἀνέλθῃ τὸν ποταμὸν διὰ νὰ κτυπήσῃ τὴν μικρὰν φλόταν τῆς Φράντζας, ἡ ὁποία εἶναι πιθανὸν ὅτι θέλει προτιμήσει νὰ πυρποληθῇ ἢ νὰ παραδοθῇ.

Ἡ ἀποικία τῆς Μαρτινίκας ἀπεστάτησε, καὶ ἀνέλαβε τὴν ἄσπρην κοκάρδα ἐπ' ὀνόματι τοῦ βασιλέως. Ἡ φρεγάτα Καλυψὼ ἔπεσε εἰς τὰς χεῖρας αὐτῶν τῶν ἀποστατῶν· διὰ τοῦτο εἰς Πρέσταν εἶναι μία μοῖρα ὁποῦ ἑτοιμάζεται διὰ νὰ ὑπάγῃ κατ' αὐτῆς τῆς ἀποικίας.

Διὰ τὴν ἐρχομένην καμπανίαν ἀπεφασίσθη νὰ βάλουν εἰς τὸ ποδάρι 502 χιλιάδες 800 ἀνθρώπους, ἂν δὲν αὐξήσῃ ὁ ἀριθμὸς τῶν ἐχθρῶν, ἐπειδὴ, ἂν ὁ πόλεμος κατὰ τῆς Ἐγγλιτέρας ἀρχίσῃ, τότε εἶναι σκοπὸς νὰ σταλθοῦν (ὅπερ καὶ ἐδιορίσθη) 100 παταλιόνα εἰς τὰ παράλια, τῶν ὁποίων τὸ ἥμισυ μέρος θέλει ἐμβῇ εἰς καράβια, διὰ νὰ κάμῃ τὴν μελετουμένην ἔφοδον κατὰ τῆς Ἐγγλιτέρας· διὰ τοῦτο ὁ περίφημος Δεστὰν ἔχει συχνὰς συνομιλίας ἐδῶ μετὰ τοῦ μινιστερίου, καὶ ὑποθέτω ὅτι αὐτὸς θέλει ὀνομασθῇ διὰ αὐτὴν τὴν ἐκστρατείαν.

Ὁ μισθὸς τῶν ναυτῶν αὔξησε 9 λίτραις κάθε μῆνα.

Ἰδοὺ αἱ βάσεις ἐπάνω εἰς τὰς ὁποίας θεμελιώνουν τὸν ἀριθμὸν τῶν 502 χιλ. 800 ἀνθρώπων. Αἱ δυνάμεις τῆς Γερμανίας εἶχον ἑνώσει, εἰς τὴν ἐσχάτην ἐκστρατείαν καθ' ἡμῶν, 130,000 ἀνθρώπους· εἰς τὸ τέλος δὲν τοὺς ἀπόμειναν παρὰ 80,000. Ἡ Ἀουστρία ὅμως καὶ ἡ Προυσία ἔκαμαν νέας συλλογὰς στρατιωτῶν. Τώρα ὑποθέτομεν ὅτι τὴν πρώτην ἄνοιξιν ἡ Γερμανία ἔχει νὰ μᾶς ἀντιβάλῃ 60,000 Προυσιάνους, 68,000 Ἀουστριακοὺς, 12,000 Χαισοάζους, [καὶ] 48,000 ἀνθρώπους ἐκ τῶν κύκλων.

Ἡ Ῥεπούπλικα τῆς Φράντζας μέλλει νὰ ἀντιθέσῃ εἰς αὐτὰς τὰς ἑτερογενεῖς δυνάμεις 186,000 στρατιώτας, οἱ ὁποῖοι ἠμποροῦν νὰ κάμουν τὸν δεφενσίβον πόλεμον μὲ ὠφέλειαν.

Εἰς τὰ σύνορα τῆς Ἰσπανίας, εἶναι δύο μέρη ἀπὸ τὰ ὁποῖα ἠμποροῦν νὰ ἔμβουν οἱ Ἰσπανοὶ εἰς Φράντζαν. Αὐτὰ τὰ δύο μέρη εἶναι εἰς τὰς ἄκρας τῶν ἁλύσων τῶν Πυρηναίων. Λοιπὸν προβάλλουν νὰ διορισθοῦν τρία σώματα στρατευμάτων, τὸ ἕν εἰς Περπιγνὰν, τὸ ἄλλο εἰς Παγιὸν καὶ εἰς τὸ κέντρον, καὶ ἕν ἕτερον εἰς Τουλούζ. Ἡ Ἰσπανία δὲν ἔχει παρὰ 40 χιλ., τοὺς ὁποίους ἠμπορεῖ νὰ μεταχειρισθῇ· ἀκολούθως, ἑτοιμάζοντες κατ' ἐκεῖνα τὰ μέρη τὸν αὐτὸν ἀριθμὸν, εἴμεθα εἰς κατάστασιν τὰ τὴν ἀντισταθῶμεν.

Τὰ στρατεύματα τῆς Σαρδινίας μετροῦνται εἰς 46,000 ἀνθρώπους, πρέπει ὅμως ὁποῦ ἓν μέρος αὐτῶν νὰ φυλάττῃ τὰ κάστρα του, εἰς τρόπον ὁποῦ δὲν ἠμπορεῖ νὰ βάλῃ εἰς ἐκστρατείαν παρὰ 30 ἢ 36,000 · 40,000 λοιπὸν θέλουν ἀρκέσει κατ' αὐτοῦ. Μὲ 40,000 ὁποῦ θέλουν ἔμβῃ εἰς τὰ καράβια ἠμποροῦμεν νὰ πολεμήσωμεν μὲ τὴν Ἐγγλητέραν. Αὐτὸ τὸ σύστημα, ὁποῦ συνοπτικῶς σήμερον ἀφαιρῶ, ἐσυμφωνήθη μετὰ τοῦ συμβουλίου καὶ τῶν γενεραλέων.

Οἱ τρόποι τοῦ νὰ ἀποτελεσθῇ αὐτὸς ὁ στρατὸς ἐδιωρίσθησαν αὐτοί · οἱ 502 χιλ. 800 θέλουν διαιρεθῇ εἰς 8 στρατεύματα, δηλαδὴ 3 εἰς βορρᾶν ἀνὰ 60,000 ἕκαστον, ὅπερ ἀπὸ Δουνκέρκ μέχρι τοῦ τόπου δὲ Gex, θέλει συνθέσει, τόσον ὑπὸ τῶν σκηνῶν ὅσον καὶ ἐν φρουραῖς, μίαν συλλογὴν 350,000. — 3 εἰς τὰ μεσημβρινὰ μέρη, ὧν τὸ ἕν εἰς τὰς Ἄλπεις, διῃρημένον ἐν Σαβοᾷ καὶ Νίσῃ, συγκείμενον ἀπὸ 40,000. ἓν ἕτερον τοῦ αὐτοῦ ἀριθμοῦ εἰς τὰ Πυρηναῖα, διῃρημένον εἰς τρία σώματα, εἰς Περπιγνὰν, Τουλούζ καὶ Παγιόνα. Καὶ τὸ τελευταῖον εἰς Σαλὸν, une armée de réserve, διὰ νὰ στείλωνται βοήθειαι ὅπου χρεία. Πρὸς τούτοις ἓν στράτευμα παρατηρήσεως εἰς τὰ παράλια τῆς Μάνς, συνθεμένον ἀπὸ 40,000. Ἐπομένως ἡ Ἐθνικὴ Σύνοδος ἐδιώρισε ὁποῦ νὰ ἑτοιμασθοῦν διὰ τὴν πρώτην ἄνοιξιν 502,800 ἄνθρωποι, ἐξ ὧν 55 χιλ. ἱππικοὶ καὶ 20,000 ἀρτιλέριδες.

Ἓν γράμμα ἀπὸ Ἀζάσιο (11 Ἰανουαρίου) δηλοποιεῖ ὅτι 14 καράβια μεταφορᾶς, συντροφευμένα ἀπὸ τὸ καράβι τῆς λίνεας ὀνομαζόμενον Τὸ ἐμπόριον τοῦ Πορδὸ, ἔφθασαν εἰς τὸν λιμένα. Αὐτὰ τὰ καράβια φορτώνουν 4 χιλ. ἀνθρώπους Κόρσους, διὰ νὰ τοὺς μεταφέρουν εἰς Σὲν Πιὲρ, ἔμπροσθεν τοῦ ὁποίου κάστρου ἤδη εὑρίσκεται ὁ Τρουγκέ. Μὲ τὸ νὰ ἦναι πρὸ δύο ἡμερῶν ὁ καιρὸς ἁρμόδιος, ὑποθέτομεν ὅτι Σὲν

Πιέρ νὰ ἦναι ἤδη ὑπὸ τὴν ἐξουσίαν μας. Ἡ Καλιάρι δὲν θέλει ἀργοπορήσει νὰ πέσῃ εἰς τὰς χεῖράς μας· ἡ ὁλότης τῶν δυνάμεών μας ἔμπροσθεν αὐτῆς τῆς πόλεως θέλει εἶσθαι συνθεμένη ἀπὸ 4 καράβια τῆς λίνεας, 17 φρεγάταις, 7 πομπάρδαις ἢ κορβέτταις, καὶ 14 καράβια τῆς μεταφορᾶς· τὸ στράτευμα ὑπερβαίνει τὰς 6 χιλιάδας.

Ὁ βασιλεὺς τῆς Σαρδινίας κάμνει ἤδη εἰς Πιεμόντε ἑτοιμασίας ἐξτραορδιναρίας· αἱ προφυλακαί του ἐφάνησαν ἐπάνω εἰς τὰς κορυφὰς τῶν Ἄλπεων. Διὰ τοῦτο αἱ πόλεις Σαμπερὶ, Μοντμελιὰν καὶ Σὲν-Πιὲρ-Μουστιὲρ ἐβάλθησαν εἰς στάσιν πολεμικήν· οἱ Σαβογέζοι εἶναι πρόθυμοι νὰ καταπολεμήσουν μέχρι τελευταίου ὑπὲρ τῆς ἐλευθερίας των.

Ὁ Δουμουριὲ περιέλαβε 40 μιλλιούνια φιορίνια ἀπὸ τοὺς καλογέρους καὶ μοναστήρια τῆς Βελγικῆς· καὶ, καθὼς γράφει εἰς ἕνα του γράμμα, μὲ αὐτὰ τὰ ἄσπρα θέλουν πληρωθῇ, εἰς διάστημα 10 μηνῶν ἀπὸ ἐδῶ καὶ ἐκεῖθεν, στρατεύματα ὁποῦ ἤδη εἶναι εἰς Βελγικήν. Λοιπὸν κἀνένα δόσιμον ἐξτραορδινάριον, μήτε εἰς τὴν Φράντζαν μήτε εἰς τὴν Βελγικὴν, δὲν θέλει ἐνοχλήσει τὰ πλήθη. Ἐγὼ εἶμαι βέβαιος ὅτι εἰς ὅλην τὴν Εὐρώπην τέλος πάντων τὰ πλούτη τῆς ἐκκλησίας θέλουν πληρώσει τὰ ἔξοδα τῆς ἐλευθερίας, καὶ κατὰ τοῦτο θέλουν ὠφελήσει κατά τι τὸ ἀνθρώπινον γένος.

Παρίσι, 31 Ἰανουαρίου 1793.
Ἔτος δεύτερον τῆς Ῥεπούπλικας.

Nº I.

Αἱ γαζέται τῆς Γερμανίας κατ' ἐξοχὴν πολυπλασιάζουν μὲ μεγάλην ἔμφασιν τὰ στρατεύματα ὁποῦ ἑτοιμάζονται κατὰ τῆς Φράντζας. Κατὰ τὰς εἰδήσεις ὁποῦ ἔχει ἐδῶ ὁ μινίστρος, περὶ τὴν 15 Φεβρουαρίου θέλουν συναχθῇ περὶ τοὺς 30 χιλ. Αουστριακοὺς εἰς τὰ πέριξ τοῦ Ῥήνου, καὶ περὶ τοὺς 25 χιλ. Πρωσιάνους. Ὅσον τὰ ἐπίλοιπα στρατεύματα τῶν δύο δυνάμεων, μόλις θέλουν φθάσει εἰς τὸν διορισμόν των περὶ τὰ τέλη τοῦ Μαρτίου, ἂν νέαι περιστάσεις δὲν ἀλλάξουν τοὺς σκοπούς. Ὁ ἀριθμὸς τῶν νέων στρατευμάτων, ὁποῦ ἡ Αουστρία καὶ Προυσία

Lettres de Stamaty.

στέλλουν κατά τῆς Φράντζας, εἶναι 130 χιλ., δηλαδή ἡ πρώτη 70 χιλ. καὶ ἡ δευτέρα 60. Ἰδοὺ αἱ δυνάμεις ὁποῦ θέλουν βαλθῇ εἰς πρᾶξιν ἀπὸ τὸ μέρος τοῦ Ῥήνου, μετρῶντας καὶ τὸ Πρισχὸ, ὁποῦ ἀνήκει τῇ Ἀουστρίᾳ. Πρόσθεσε εἰς αὐτοὺς τοὺς 130 χιλ. 20 χιλ. περίπου Ἀουστριακοὺς καὶ Προυσιάνους, ὁποῦ εὑρίσκονται εἰς Κολώνιαν: κεφάλαιον 150 χιλ. διωρισμένοι νὰ κτυπήσουν τοὺς Φραντζέζους πρὸς τὰ βόρεια μέρη. Ὁ σκοπὸς εἶναι εὐθὺς νὰ σπρώξουν τοὺς Φραντζέζους πέραν τῆς Μεούσας, ἔπειτα νὰ ἔμβουν μέσα εἰς τὴν Βελγικήν. Ἡ πολιορκία τῆς Μαγέντζας θέλει ἀρχίσει μετ' οὐ πολύ· ἐξ αἰτίας ὅμως τῶν δυσκολιῶν τοῦ νὰ συστήσουν μίαν πρόσκρουσιν κατὰ τοὺς κανόνας, θέλουν εὐχαριστηθῇ νὰ τὴν περιτριγυρίσουν πανταχόθεν, διὰ νὰ κόψουν κάθε εἶδος κοινωνίας μὲ τὰ λοιπὰ στρατεύματα. Τὰ στρατεύματα τῆς Προυσίας ἐν ᾧ φθάνουν εἰς τὰ πέριξ τοῦ Βεζὲλ θέλουν συστήσει ἓν στρατόπεδον. Ὁ γενερὰλ Κιοπελσδόρφ θέλει ἀρχιστρατηγήσει ὑπὸ τοῦ Προυνσβὶκ, ἀδελφοῦ τοῦ δουκός. Ὁ αὐτοκράτωρ αὐτοπροσώπως, καθὼς διαδίδεται, θέλει ὑπάγει εἰς Φραγκφὸρ, διὰ νὰ ἦναι παρὼν εἰς τὴν ἀρχὴν τῆς πλησιαζούσης καμπανίας. Τοῦτο δὲν σοὶ τὸ γράφω παρὰ ὡς μίαν φήμην, τῆς ὁποίας τὴν ἀλήθειαν εἶσαι εἰς κατάστασιν νὰ τὴν γνωρίσῃς καλλίτερα ἀπὸ ἐμένα.

Ἐδῶ αἱ ἑτοιμασίαι δὲν δοκιμάζουν κἀμμίαν διακοπὴν, καὶ, χάριτι θείᾳ, οἱ δημοκρατικοὶ γνωρίζουν τὸ ὑπέρογκον τῶν ὧν μέλλουν νὰ ἐκτελέσουν διὰ νὰ θριαμβεύσουν τοσούτων πολυαρίθμων ἐχθρῶν. Ἐξ ὧν σοὶ ἔγραψα εἰς τὸ παρελθὸν εἶδες τὴν ποσότητα τῶν δυνάμεων ὁποῦ ἑτοιμάζουν καὶ τὴν ἀναλογίαν ὁποῦ ἀκολουθᾷ εἰς τὴν σύστασιν τῶν μέσων ὁποῦ ἤδη χρῄζουν πρὸς τὴν δεφένδευσιν τῆς ἐλευθερίας των καὶ τοῦ αὐτονόμου τοῦ ἔθνους. Τὸ ὅτι ἔχουν νὰ ἀφανισθοῦν τὰ εἰσοδήματά των καὶ ἡ χρηματική των περιουσία δὲν ἀμφιβάλλουν, γνωρίζουν ὅμως ὅτι ἔχουν μέσα πλέον σίγουρα παρὰ οἱ ἐχθροί των, καὶ ἔπειτα προτιμοῦν καλλίτερα νὰ φάγουν καὶ νὰ χωνεύσουν τὴν Φράντζαν, παρὰ νὰ τὴν ἀφήσουν νὰ τὴν φάγουν οἱ ξένοι.

Τὰ ὑποστατικὰ τῶν φυγάδων, ὁποῦ συνθέτουν τὸ τρίτον μόριον σχεδὸν τοῦ ἐθνικοῦ πλούτου, καὶ οἱ λόγοι τοῦ κοινοῦ εἶναι μία πλουσιοπάροχος πηγή, ἀπὸ τὴν ὁποίαν ἠμποροῦν νὰ ἀντλήσουν πολὺν καιρόν. Λοιπὸν οἱ ἀρχηγοὶ τῆς δημοκρατίας, καὶ, διὰ νὰ εἰπῶ καλλίτερον, ὅλον τὸ πλῆθος, μὲ τὸ νὰ ἔκαυσαν, καθὼς ὁ Ἰούλιος Καῖσαρ, τὰ καράβια ὁποῦ ἠμποροῦσαν νὰ τοὺς ἐπιστρέψουν εἰς κἀνένα εὔδιον λιμένα, εἶναι ἀποφασισμένοι νὰ βάλουν τὰ ὑστερινά των δυνατὰ τὴν πρώτην ἄνοιξιν, διὰ νὰ δώσουν τέλος εἰς αὐτὴν τὴν Ἰλιάδα κακῶν ὁποῦ φοβερίζουν τὴν πατρίδα.

Ὁ Δουμουριὲ ἀνεχώρησε πρόχθες τὴν νύκτα διὰ τὴν Βελγικὴν, ὅπου θέλει κάμει τὰς διαθέσεις ὁποῦ προεμελετοῦσε διὰ νὰ ἔμβῃ εἰς Ὁλλάνδαν, ἀρχινῶντας ἀπὸ Μαστρίκ. Ἡ θέσις τῶν Φραντζέζων μέσα εἰς τὴν Γκέλδραν θέλει ἀποτελέσει αὐτὸν τὸν σκοπὸν εὐκολοκατόρθωτον. Οἱ Ὁλλανδέζοι ἀπὸ τὸ μέρος των κάμνουν φοβερὰς ἑτοιμασίας τόσον ἐπὶ γῆς ὅσον καὶ ἐπὶ θαλάσσης. Ὁ πόλεμος μετὰ τῆς Ἀγγλίας ὡς οὐδέποτε ἄλλοτε εἶναι βέβαιος. Ἡ ὀνομασία τοῦ Λὸρδ Ἀμχέρστ, ὅστις ἐδιωρίσθη ἀρχηγὸς ὅλων τῶν Βριταννικῶν δυνάμεων, καὶ ἡ προσταγὴ νὰ ἀρματωθοῦν πολλὰ καράβια 64 τοπίων, προμηνύουν φανερὰ ὅτι μετ' οὐ πολὺ οἱ ἀκροβολισμοὶ θέλουν ἀρχίσει. Ἡ Ἐγγλιτέρα ἤδη ἔχει 45 καράβια τῆς λίνεας πλὴν τῶν φρεγάτων καὶ τῶν ὧν ὀνομάζουν garde-côtes. Ὁ Σοβελὲν ἔφθασε χθὲς εἰς Παρίσι, ὕστερα ἀφ' οὗ ἔλαβε μίαν εἰδοποίησιν παρὰ τοῦ μινίστρου τοῦ βασιλέως νὰ ἔβγῃ ἀπὸ τὴν Ἐγγλιτέραν μετὰ 8 ἡμέρας. Λοιπὸν δὲν μένει ἀμφιβολία, αἱ ναυτικαὶ μάχαι θέλουν αἱματώσει τὰς θαλάσσας, καὶ ἀνάψει μίαν πυρκαϊὰν εἰς τὰ τέσσαρα μέρη τῆς γῆς. Ἡ Ἰσπανία χωρὶς ἄλλο θέλει ῥίψει τὸ προσωπεῖόν της, καὶ θέλει συναφθῇ μετὰ τῆς Ἐγγλιτέρας καὶ Ὁλλάνδας, διὰ νὰ πνίξῃ τὴν ὕδραν τῆς δημοκρατίας. Εἴκοσι καράβια τῆς λίνεας εἶναι ἕτοιμα νὰ ἔβγουν ἀπὸ τοὺς λιμένας της, καὶ, μὲ ὅλας τὰς ὑποσχέσεις της, τὰ εἰς τὰ Πυρηναῖα στρατεύματά της αὐξάνουν ἡμέρα τῇ ἡμέρᾳ. Ἰδοὺ χθὲς τίνι τρόπῳ ὁ μινίστρος τῶν ξένων ὑποθέσεων ἐδηλοποίησε τῇ Ἐθνικῇ Συνόδῳ τὴν ἐπιστροφὴν τοῦ Σοβελὲν εἰς Παρίσι : « Μὲ μεγάλην λύπην σᾶς εἰδοποιῶ ὅτι οἱ κόποι μας διὰ νὰ παρακινήσωμεν τὴν διοίκησιν τῆς Ἐγγλιτέρας εἰς τὴν εἰρήνην ἐστάθησαν ἀνωφελεῖς · ἡ ἀσθενὴς ἐλπίδα, ὁποῦ ὑπῆρχεν ἀκόμη εἶναι μερικαὶ ἡμέραι, ἠφανίσθη μὲ τὴν ὁλότητα. Ἡ καταδίκη τοῦ ἐσχάτου βασιλέως τῶν Φραντζέζων ἐστάθη τὸ σημεῖον ἑνὸς γενικοῦ πένθους, καὶ ἡ πρόφασις μιᾶς ὕβρεως, ὁποῦ καμμία αἰτία δὲν ἠμπορεῖ νὰ συγχωρήσῃ · εὐθὺς ὁποῦ τὸ νέον διεδόθη εἰς Λόνδραν ὁ πληρεξούσιος μινίστρος τῆς Φράντζης

έλαβε προσταγήν νά αφήση την Έγγλιτέραν μετά ολίγας ήμέρας. »
Ιδού το γράμμα οπού έγραψε ό Γκρανβίλ τω Σοβελέν, τη 24 Ίανουαρίου · « Το επάγγελμά σου με το να έλαβε τέλος εξ αιτίας του ολεθρίου θανάτου του Χριστιανικωτάτου βασιλέως, ή Γαληνότης του ηύρεν εύλογον νά προστάξη οπού να άναχωρήσης από τά βασίλειά του εις διάστημα οκτώ ήμερων. Σοί στέλλω εν πασσαπόρτο διά σέ και τους ακολούθους σου. Εδόθησαν προσταγαί οπού νά επιστρέψης εις Φράντζαν, χωρίς νά χάσης την περιποίησιν και την τιμήν όπου ανήκουν τω χαρακτήρι του μινίστρου του Χριστιανικωτάτου βασιλέως. » Άρα ιδού μία ανακήρυξις πολέμου. Κατά τά [της] 25 από Λόνδρας γράμματα, ή κάμαρα κάτω συνηθροίσθη τη 23, κατά τον διορισμόν · όμως ό Δόνδας μινίστρος έδωκε είδησιν νά συναχθούν την δευτέραν, καθ' ην είχε σκοπόν νά κάμη μίαν κοινολογίαν εξ επαγγέλματος εις την κάμαραν εκ μέρους του βασιλέως διά την αύξησιν των δυνάμεων επί γης και επί θαλάσσης. Ό Λόρδ δε Χελένς ωνομάσθη μινίστρος εις την αυλήν της Ισπανίας. Κινάζ από Λόνδρας ομού με τον γενεράλ Οάρα, ό οποίος στέλλεται κομμανδάντες εις Γιπραλτάρ. Ό Λόρδ Χόβ είναι en chef commandάντες του στόλου οπού έχει νά περιέλθη εις το Μάνς, και ό άμιράλ Παρεγτόν είναι δεύτερός του. Ό Λόρδ Χούδ είναι κομμανδάντες άν σέφ του στόλου οπού μέλλει νά σταλθή εις την είσοδον του στενού του Γιπραλτάρ, και ή δευτέρα μοίρα παρά του άμιράλ Γχουδάλ, όστις περιτρέχει ήδη εις Γιπραλτάρ. Ό γενεράλ Άμχέρστ έχει την ταξιαρχίαν άν σέφ των δυνάμεων επί γης. Ό αριθμός των ναυτών θέλει ύπερβή τους 30 χιλιάδες, και ό διωγμός του Σοβελέν είναι ένα επόμενον του συστήματος οπού μέχρι τούδε ήκολούθησε το Βρεταννικόν μινιστέριον, και ακολούθως ενταύθα θεωρείται ως μία σαφής ανακήρυξις του πολέμου. Διά τούτο ή Εθνική Σύνοδος έδωκε προσταγήν οπού μετά δύο ημέρας νά τη παραστήσουν τά μέσα οπού έχει η Φράντζα νά δεφενδευθη κατά της Έγγλιτέρας. Ό μινίστρος της ναυτικής έδωσε προσταγάς οπού τά παχνό Έγγλέζικα νά μην πειραχθούν, αλλά νά αναχωρήσουν εις 24 ώραις. Όλη ή προσοχή των λιμένων διευθύνεται εις τους κορσάρους οπού ετοιμάζονται πανταχού.

Ημέρα τη ημέρα προσμένομεν νά μάθωμεν εδώ μίαν μάχην οπού πρέπει νά ακολουθήση με τους Φραντζέζους οπού είναι εις τά πέριξ τῆς Αἶξ λὰ Σαπὲλ, καὶ τοῦ γενεράλ Κλαιρφὲ, μὲ τὸν ὁποῖον ἑνώθησαν 6,000 Προυσιάνοι.

Ἡ φλότα εἰς τὸ Μεσόγειον, ὑπὸ τοῦ κόντρ-ἀμιράλ Λὰ Τοὺς, ἐδοκίμασε ὀλίγην βλάβην, ὄχι ὅμως καθὼς τὸ διέδωκεν ἡ αὐλὴ τῆς Νεαπόλεως εἰς τὴν Γερμανίαν· τὰ κατάρτια τοῦ Λαγγβεδόκ ἐβλάφθησαν· ἐβάλθησαν ὅμως εἰς κατάστασιν, χάρις τῷ πατριωτισμῷ τῶν Φραντζέζων ὁποῦ εὑρέθησαν εἰς Νεάπολιν, καὶ αὐτὸ τὸ καράβι ἠμπορεῖ ἀκόμη νὰ χρησιμεύσῃ.

— Ἀδελφέ, εἶναι ἤδη κοντὰ 14 ἡμέραι ὁποῦ δὲν ἔλαβα γράμμα σου, ὅπερ ἐστὶ τὸ ἔσχατόν σου εἶναι ἀπὸ 29 Δεκεμβρίου· καὶ μὴν ἐρωτᾷς πόσον λυποῦμαι ὁποῦ εἰς αὐτὰ τὰ περιστατικὰ εἴτε ἀπὸ ἀμέλειάν σου, τὸ ὁποῖον δὲν τὸ πιστεύω, εἴτε ἀπὸ κανένα ἄλλο ἐμπόδιον, ὑστεροῦμαι εἰδήσεών σου, καὶ εἶμαι βιασμένος νὰ τὸ ἀποδώσω εἰς διάφορα αἴτια, τὰ ὁποῖα εἶναι ἀπευκταῖα.

Ὁ Μαμάρας μὲ ἔγραψεν, ἀπὸ 9 Δεκεμβρίου, ὅτι ἔλαβεν ἐκ μέρους σου 207 φιορίνια, τὰ ὁποῖα μετὰ δύο ἡμέρας θέλει νὰ μὲ ἐμβάσῃ· μέχρι τοῦδε δὲν τὰ ἔλαβα, μὲ ὅλον ὁποῦ κατόπι ἔλαβα τὸ ὑστερινόν σου γράμμα διὰ τοῦ ἰδίου· αὐτὸ αὐξάνει τὴν φροντίδα μου καὶ τὴν ἔνδειάν μου. Διὰ τοῦτο γράψε τον νὰ φέρεται μὲ περισσοτέραν εὔνοιαν εἰς αὐτὴν τὴν ὑπόθεσιν· ἔπειτα προσμένω νὰ μάθω ἂν ἄρχισες τὴν χορδισπ. μετὰ τοῦ εἰς Χαμποῦργ, ὁ ὁποῖος μὲ ἔγραψε ὅτι εἶχε ἀρχίσει. Ἐλπίζω ἐν ταυτῷ ὅτι θέλεις μοὶ στείλει ἐν ταυτῷ τὰ ὑποσχεθέντα τρίτα πατρικά μου μηνιαῖα. Γράφε με ὅσον ἠμπορεῖς συχνὰ διὰ νὰ μὲ ἐνδυναμώνῃς εἰς τὴν ἐκτέλεσιν τοῦ χρέους μου. Ὁ φίλος ζητᾷ νέα ἀνάλογα ταῖς ὑποθέσεσι. Λοιπὸν γράφε.

Παρίσι, τῇ 2 Φεβρουαρίου 1793.

Nº 1.

Ἔλαβον σήμερον τὸ ἀπὸ 29 Δεκεμβρίου προτρεπτικὸν φιλικὸν γράμμα σου, ὕστερον ἀφ' οὗ ὑστερήθην κοντὰ 15 ἡμέρας εἰδήσεών σου. Τὸ ἔσχατον ὁποῦ σοὶ ἔγραψα εἶναι ἀπὸ 31 Ἰανουαρίου Nº 1, ἐπειδὴ μέχρι τοῦδε εἶχα μεταχειρισθῆ τὸ ἀλφάβητον· εἰς τὸ ἐξῆς ὅμως, κατὰ τὴν παραγγελίαν σου, θέλω ἀκολουθήσει αὐτολεξεὶ τὰς 7 κονδισιόνες, καὶ ἄμποτες νὰ μὴ σοὶ φανῶ εἰς τὸ ἐξῆς ἀντάξιος τῶν ὦν μοι ἐπιδαψιλεύεις ἐλέγχων.

Διὰ τοῦ παρελθόντος σοὶ εἶχα γράψει τὴν ἀνακήρυξιν τοῦ πολέμου τῆς Ἐγγλιτέρας, καὶ ὅτι ἡ Ἐθνικὴ Σύνοδος εἶχε προστάξει ὁποῦ μετὰ δύο ἡμέρας νὰ τῇ ἐμφανισθοῦν οἱ τρόποι τῆς ἀντιστάσεως. Χθὲς, περὶ τὰς 6 ὥρας μετὰ τὸ μεσημέρι, ὁ Πρισὸτ, ἐπ' ὀνόματι τοῦ Comité de défense générale, ἔκαμε τὴν ἀνάγνωσιν τοῦ κηρυγμοῦ ὁποῦ κάμνει ἤδη ἡ Φράντζα κατὰ τοῦ βασιλέως τῆς Ἰγγλιτέρας, καὶ τοῦ σταθούδερ τῆς Ὁλλάνδας. Ἰδοὺ τὰ αἴτια αὐτοῦ τοῦ κηρυγμοῦ.

Ἡ Ἐθνικὴ Σύνοδος θεωροῦσα ὅτι ὁ βασιλεὺς τῆς Ἰγγλιτέρας δὲν ἔπαυσε, μάλιστα ἀπὸ τῆς 10 Αὐγούστου 1792, τοῦ νὰ δίδῃ τῷ ἔθνει τῆς Φράντζας σημεῖα τῆς κακοβουλίας του, καὶ τῆς προσκολλήσεώς του εἰς τὴν συνωμοσίαν τῶν βασιλέων· ὅτι κατ' ἐκείνην τὴν ἐποχὴν ἐπρόσταξε τὸν εἰς Παρίσι πρέσβυν του νὰ ἀναχωρήσῃ, ἐπειδὴ καὶ δὲν ἠθέλησε νὰ ἀναγνωρίσῃ τὴν ἐκτελεστικὴν διοίκησιν ὀνομασθεῖσαν παρὰ τῆς Νομοθετικῆς Συνόδου, καὶ ὅτι κατὰ τὸν αὐτὸν χρόνον τὸ χαπινέτο τοῦ Σὲν Τζὰμ ἔπαυσε τοῦ νὰ κοινολογῇ μετὰ τοῦ εἰς Λόνδραν πρέσβεως ἐπὶ προφάσει τῆς ἀργίας τοῦ πρώην βασιλέως· ὅτι δὲν ἠθέλησε νὰ ἐπαναλάβῃ τὴν κοινολογίαν μετ' αὐτοῦ, ἀφ' ὅτου ἄρχισε τὰς διαβουλάς της ἡ ἤδη Ἐθνικὴ Σύνοδος, τὴν ὁποίαν δὲν τὴν ἀνεγνώρισε· ὅτι ἐμπόδισε τὴν ἀγορὰν τῶν σιταρίων καὶ ἄλλων ἀναγκαίων, ὁποῦ οἱ ἄνθρωποι τῆς Ῥεπούπλικας εἶχαν προσταγὴν νὰ προσπορισθοῦν εἰς Ἰγγλιτέραν· ὅτι ἐσταμάτησε πολλὰ καράβια φορτωμένα μὲ σιτάρι διὰ τὴν Φράντζαν, εἰς καιρὸν ὁποῦ, ἐναντίον ταῖς συνθήκαις τοῦ 1786, ἡ ἔξοδος διὰ τοὺς ἄλλους τόπους δὲν ἔπαυσε· ὅτι ἐμπόδισε τὴν περιστροφὴν τῶν ἀσσιγνάτων εἰς Ἰγγλιτέραν· ὅτι ὑπεδέχθη τοὺς ἀρχηγοὺς τῶν ἀποστατῶν, εἰς τοὺς ὁποίους ἐπλήρωσε πολλὰς ποσότητας, καὶ τοὺς πρωταιτίους τῆς ἀποστασίας τῶν δυτικῶν ἀποικιῶν· ὅτι ἐπρόσταξε ἀρματώσεις φοβερὰς εἰς τοὺς λιμένας του, καθ' ὃν καιρὸν καταρέχει τυραννικῶς τοὺς ὅσους ἐπαγγέλλονται εἰς Ἰγγλιτέραν τὰς ἀρχὰς τῆς Φράντζας· ὅτι αὐτὸς ὁ σκοπὸς κατὰ τῆς Φράντζας φανερὰ διεδόθη εἰς τὸ Παρλαμέντο· ὅτι, μὲ ὅλον ὁποῦ ἡ ἐκτελεστικὴ βουλὴ έμεταχειρίσθη δλα τα δυνατά της δια να διατηρήση την ειρήνην και την άδελφότητα με το Άγγλικόν έθνος, οι μινίστροι του έπέμειναν εις το αύτο σύστημα της κακοβουλίας, ακολουθούντες τας πολεμικάς ετοιμασίας, και στέλλοντες μίαν έσκάδραν εις τας έκβολάς του Έσκω διά να ταράξη τάς έκστρατείας της Φράντζας· ότι, εύθύς όπου διεδόθη ή καταδίκη του Λουΐ Καπέτ, ο βασιλεύς της Ιγγλιτέρας επρόσταξε να αναχωρήση από Λόνδρας ο πρέσβυς μας· ότι εμβήκε εις μίαν κρυφήν συνωμοσίαν μετά τών εχθρών της Φράντζας, και μάλιστα μετά της Άουστρίας και Προυσίας κατά τον Ιανουάριον · ότι εφέλκυσε εις αυτήν την συνωμοσίαν τον σταθούδερ της Όλλάνδας· ότι αυτός, ο σταθούδερ, του οποίου ή δουλική άφοσίωσις εις τάς προσταγάς του Σιν Τζάμ και του Περλινίου είναι πασίδηλος, εις το διάστημα της μεταβολής μας κατεφρόνησε τους πρέσβεις μας, κατέτρεξε τους πατριώτας, και ύπεδέχθη τους αποστάτας· θεωρούσα τέλος πάντων ότι όλαι αύταί αί περιστάσεις δεν άφίνουν πλέον ελπίδα του να διατηρήση ή Ρεπούπλικα την ειρήνην μετά της διοικήσεως της Εγγλιτέρας, και ότι όλαι αί πραγματείαι μέχρι τούδε έμειναν χωρίς καρπόν και ώφέλειαν, ψηφίζει τα άκόλουθα·

Άρθρον 1ον. Ή Εθνική Σύνοδος φανερώνει, έπ' ονόματι του Φραντζέζικου έθνους, ότι, εξ αιτίας τών ανωτέρω ειρημένων παρασπονδών, ή Ρεπούπλικα της Φράντζας είναι ήδη εις πόλεμον μετά του βασιλέως της Εγγλιτέρας, και του σταθούδερ της Όλλάνδας.

Άρθ. 2ον. Ή Εθνική Σύνοδος έπιφορτώνει την έκτελεστικήν βουλήν να άνακαλύψη τάς δυνάμεις, όπου θέλει κρίνει άναγκαίας δια να εξωθήση τάς παρασπονδάς και να ύπερασπισθή το αύτόνομον, την άξίαν και τα ιντερέσσα της Ρεπούπλικας.

Άρθ. 3ον. Ή Εθνική Σύνοδος δίδει άδειαν τη εκτελεστική βουλή όπου να διαθέση τάς δυνάμεις της Φράντζας, καθώς το απαιτεί το κοινόν όφελος.

— Πρόχθες την νύκτα εδόθησαν προσταγαί όπου να βαλθή ένα έμπάρχο εις όλα τα καράβια Εγγλέζικα και Όλλανδέζικα, όπου ήθελαν εύρεθή εις τους λιμένας της Ρεπούπλικας.

Κατά τα από Λόνδρας γράμματα, ο πόλεμος πρέπει να έφανερωθή εις όλην την Ιγγλιτέραν τη δευτέρα, 28 Ιανουαρίου.

Lettres de Stamaty.

Ὁ γ. Δουμουριὲ ἔφθασε τῇ 28 Ἰανουαρίου εἰς Δουνκέρκ· ἐκεῖθεν ἐκίνησε εἰς Νιεουπόρτ καὶ Ὀστάνδ, διὰ νὰ ἐπιθεωρήσῃ τὰ παράλια, καὶ νὰ βάλῃ αὐτὰς τὰς πόλεις εἰς στάσιν ὁποῦ νὰ ἐναντιωθοῦν εἰς τοὺς νέους ἐχθρούς. Ὁ Λαπουρδονὲ ὠνομάσθη ἀρχιστράτηγος τῶν στρατευμάτων ὁποῦ θέλουν στρατοπεδεύσει εἰς τὰ παράλια τοῦ Μανικίου (Manche).

Τὸ μινιστέριον τῆς Ἐγγλιτέρας, μὲ ὅλον ὁποῦ δεικνύει μεγάλην καρδίαν, ἔχασε τὰ νερά του, ὅταν ἔμαθε τὴν καταδίκην τοῦ Λουδοβίκου, καὶ ἤδη εὑρίσκεται εἰς μίαν στενοχωρίαν μεγάλην ἐξ αἰτίας μερικῶν θορύβων ὁποῦ ἀκολουθοῦν εἰς τὰ ἐνδόμυχα τῆς Ἐγγλιτέρας· εἰς Παδστὸν, ἐν τῷ τόπῳ Κορνουάλλ, μία μοῖρα τοῦ 52ου ρεγιμέντου κατεκομματιάσθη παρὰ τοῦ ὄχλου εἰς μίαν ἀποστασίαν τῇ 15 Ἰανουαρίου, ἐξ αἰτίας τῆς ἐξόδου τῶν σιταρίων. Τί θέλει λοιπὸν κάμει τὸ πλῆθος τῆς Ἐγγλιτέρας, ὅταν μάθῃ ὅτι κοντὰ 500 καράβια πραγματευτάδικα ἐξουσιάσθησαν αὐτὴν τὴν στιγμὴν εἰς τοὺς λιμένας τῆς Φράντζας, καθ' ὃν καιρὸν ἡ Φράντζα μόλις ἔχει ἤδη 20 καράβια ὁποῦ νὰ διετρέχουν τὸν αὐτὸν κίνδυνον.

Τὸ στράτευμα τοῦ Πιρὸν ἦτον τῇ 20 Ἰανουαρίου εἰς τὰ πέριξ τοῦ Βόρμς, καὶ ἐκτείνετο εἰς τὰς ὄχθας τοῦ Ῥήνου ἀπὸ Μανχεὶμ ἕως Μαγέντζας. 12,000 Φραντζέζοι δεφεντεύουν τὸ χωρίον ἄντικρυ Μαγέντζας Κασὲλ, μὲ 200 τόπια. Ὁ γ. Χαρεμπούργ ἀντὶ τοῦ Πιρὸν, ὅστις πηγαίνει εἰς Ἰταλίαν.

Ὁ ῥεσιδάντες τῆς Σβεχίας εἰς Γένεβα, ὀνομασθεὶς διὰ Λόνδραν, ἔλαβε προσταγὴν νὰ ἐπιστρέψῃ εἰς Στοχὸλμ, μὲ τὸ νὰ ἐγγυηθῇ ἐπ' ὀνόματι τοῦ ἐπιτρόπου 1,500 χιλ. φιορίνια διὰ τὸν Κόντ δ' Ἀρτοὰ, ὅλοι οἱ μινίστροι τῆς Σβεχίας ἔχουν προσταγὴν νὰ κοινολογήσουν παρευθὺς μετὰ τῶν μινίστρων τῆς Φράντζας παντοῦ ὅπου ἤθελαν ἀναγνωρισθῇ. Τὰ ἀπὸ Στοχὸλμ νέα μοὶ εἶναι γνωστὰ πρὸ καιροῦ· δὲν ἔκρινα ὅμως εὔλογον νὰ σοὶ τὰ εἰδοποιήσω, ὡσὰν ὁποῦ ὑποθέτω ὅτι ὁ ἀπὸ Χαμπούργ φίλος σοὶ τὰ ἔγραψεν ἐν καιρῷ· φαίνεται ὅμως ὅτι ὁ ἀντιπρουσισμὸς τῶν Σβέχων, καὶ τὸ φιλελεύθερον αὐτοῦ τοῦ ἔθνους θέλει προξενήσει αὐτὴν τὴν μεταβολὴν, τῆς ὁποίας αἱ ἀρχαὶ φαίνονται ἀρκετὰ ὀλέθριαι διὰ τὸν ῥεγέντε.

Ὅλη ἡ ἐπισκοπὴ τῆς Λιέζας ἐκκλησιασθεῖσα κοινῇ γνώμῃ ἐψήφισεν την ένωσίν της μετά της Φράντζας, και την εδηλοποίησε τῷ γ. Μιράνδᾳ, όστις το έγραψε εδώ. Ή Εθνική όμως Σύνοδος ακόμη δεν την υποδέχθη.

Το κοντάτο του Νίς ήδη, κατά τα προχθεσινά δόγματα, κάμνει μέρος της Φράντζας· η Βιλλαφράγκα είναι ένα θαυμάσιον κάστρον το οποίον μεγάλως θέλει ωφελήσει εις τον κατά της Εγγλιτέρας πόλεμον.

Η κυρίευσις της Σαρδινίας επιβεβαιούται εις τα από Μασσιλίας γράμματα· δεν εδηλοποιήθη όμως έτι εξ επαγγέλματος παρά του μινίστρου.

Χθές το βράδυ διεδόθη ότι οι πατριώται Φραντζέζοι, οπού ευρέθησαν εις Ρώμην, τόσον τεχνίται όσον και περιηγηταί, εφονεύθησαν · τόσον ηξεύρω · αφ' ού όμως μάθω ταις παρτικουλαριταίς θέλω σοι τας σημειώσει. Ο εκείσε αγέντες της Φράντζας, Ούγκού Πασενβίλ, εφονεύθη με έν ξυράφι.

Διαβάζω ήδη έν γράμμα (25 Δεκεμβρίου) του αμιράλ Λαούς προς τον μινίστρον της μαρίνας εις το οποίον περιγράφει την φορτούναν, οπού εδοκίμασε το καράβι Λαγγδεδόκ, τον κίνδυνον οπού έτρεξε κοντά εις το νησί της Καπρέας, και τας βοηθείας όπού επέτυχε μέσα εις τον λιμένα της Νεαπόλεως όπου, αφ' ού διορθώση μερικά χαλάσματα καταρτιών, θέλει αναχωρήσει διά να υπάγη εις τον Τουλόν, και εκείθεν εις Σαρδινίαν.

Οι Φραντζέζοι κατ' αυτήν την ώραν πολιορκούν το κάστρον του Μαστρίκ, όπου είναι συναθροισμένοι πολλοί φυγάδες Φραντζέζοι · κοντά 100 χ. στρατιώται μας περιτριγυρίζουν τα σύνορα της Ολλάνδας, η οποία μετ' ού πολύ θέλει πέσει εις τας χείράς των. Τα γράμματα από Χαίας μας μανθάνουν ότι εις όλους τους τερσανάδες της Ρεπούπλικας ημέρα και νύκτα δουλεύουν διά τας πολεμικάς ετοιμασίας.

Ο γ. Βολιό, διά να εμποδίση τους Φραντζέζους να κάμουν εφόδους εις την επαρχίαν Λουξαμπούργ, έστησε, εις τα μέρη τα πλέον υποχείμενα, σώματα ψιλών στρατευμάτων διά να τους εμποδίζουν · έκτοτε κάθε ημέραν ακολουθούν ακροβολισμοί μεταξύ των προφυλακών.

Μεθαύριον θέλω σοι γράψει ιδιαιτέρως περί ών μοι σημειοίς · με κακοφαίνεται πολλὰ ὁποῦ δὲν ἔλαβες τὰ 38 καὶ 39 νούμερα, ὅπου σοὶ ἔγραφα πράγματα πολλὰ ἀξιόλογα.

Ἐν τοσούτῳ ὁ σὸς διὰ βίου.

Γράφω ἔτι τῷ Μαμάρᾳ διὰ τὰ 207 φιορίνια, τὰ ὁποῖα μέχρι τοῦδε δὲν μοὶ ἐστάλθησαν, εἰς καιρὸν ὁποῦ μοὶ ἀπεκρίθη εἰς τὴν ἐρώτησιν ὁποῦ τὸν ἔκαμα ἂν ἠμπορῶ νὰ τὸν στείλω ἐν σεντοῦκι διὰ Βλαχίαν. Λοιπὸν σὲ παρακαλῶ νὰ τὸν γράψῃς ὅτι δὲν πρέπει νὰ χωρατεύῃ μὲ αὐτὰς τὰς ἀργοπορίας, ἐπειδὴ μεγάλως μὲ βλάπτουν.

CORRESPONDANCES

DE

PARIS, VIENNE, BERLIN, VARSOVIE,
CONSTANTINOPLE.

PRÉFACE

Dans l'introduction aux lettres grecques de Constantin Stamaty, M. Émile Legrand a fait connaître leur importance et leur origine. Il ne me reste, sur ce dernier point, qu'à renouveler mes remercîments à M. le général Trochu, dont la sagacité avait reconnu le mérite de ces documents, et dont la générosité m'en a rendu l'heureux possesseur.

Je m'attacherai plus particulièrement à la description des autres correspondances adressées de plusieurs capitales au même destinataire, Kodrikas, secrétaire intime de l'hospodar Michel Soutzo.

Le recueil le plus considérable est celui des lettres datées de Vienne. Quelques-unes appartiennent à l'année *1791*, quelques autres à l'année *1792*, le plus grand nombre à l'année *1794*. Ces dernières ne me paraissent pas de la même main que les précédentes. Elles trahissent l'Allemand, comme on le verra d'ailleurs dans le spécimen que nous publions.

Je n'ai pu encore découvrir le nom de l'auteur. Évidemment c'était un homme de sens, honnête et judicieux, bien placé pour connaître, sinon le secret, au moins les agissements des cours. Stamaty, vivant, pensant au milieu de la tourmente révolutionnaire, accorde plus d'attention au détail des faits, de même qu'il se laisse envahir par l'esprit nouveau, objet d'horreur pour le sage Viennois et le non moins sage Berlinois.

Les lettres de ce dernier sont malheureusement peu nombreuses. Courtes et précises, elles partent d'une main de nouvelliste qui devait frapper aux bonnes portes. L'hospodar n'hésite pas, d'ailleurs, à conseiller à ses agents l'emploi de la clef d'or. Il paraît que le métier n'était pas exempt de périls et que les ministres prussiens de ce temps-là combattaient l'espionnage avec autant d'habileté que leurs trop heureux successeurs en ont pu mettre à le pratiquer dans leur intérêt.

Notre quatrième correspondant avait son poste à Varsovie; il écrivait en langue italienne et signait N. N. des lettres adressées, deux fois par semaine environ et directement, à son illustrissime seigneur et maître. Le recueil est complet pour l'année 1793, année néfaste pour la Pologne. L'infortunée République, déjà occupée par les Russes, allait être également envahie par les Prussiens et définitivement démembrée. Cette lamentable histoire constitue le fonds des correspondances. L'auteur y ajoute ce qu'il apprend de France et plus particulièrement d'Italie. Je le croirais volontiers Italien, si une cer-

taine *servilité de style n'était également propre à quelque autre individualité orientale.* Comme Stamaty, *il parle assez fréquemment de son intérêt, des sequins qu'il a reçus, plus encore de ceux qu'il espère. L'ensemble de son travail, tel que nous le possédons, formerait la matière d'un demi-volume in-octavo.*

L'hospodar avait ainsi pris des jours sur la politique contemporaine aux quatre points les mieux choisis de l'Europe : à Paris, pour la France et pour l'Angleterre; à Berlin et à Vienne, pour l'Allemagne; à Varsovie, pour la Pologne.

N'en saurait-on rien, qu'on pourrait néanmoins affirmer que ce curieux observateur possédait un agent à Constantinople; et, en effet, nous trouvons à son adresse une série de lettres datées de la capitale du Grand Seigneur, et signées Vincenzo Gianni. *Comme celle de Varsovie, cette correspondance est rédigée en italien. Nous trouvons aussi plusieurs lettres en français.*

L'ensemble de ces documents appartient évidemment, non à ceux qu'on appellerait aujourd'hui officiels ou confidentiels, mais plutôt à ce que nos feuilles politiques recherchent et publient comme correspondances spéciales de l'étranger, avec cette différence, on pourrait dire cette supériorité, que ces renseignements non destinés à la publicité, doivent être d'autant plus sincères. Ils nous révèlent l'état de l'opinion en Europe, telle qu'elle existait dans les cercles gouvernementaux du temps. Leur authenticité n'est pas plus douteuse que leur sincérité. La plupart des lettres de Stamaty portent le timbre de la poste. Les autres, expédiées sous pli, n'en présentent pas moins toutes les marques d'incontestables originaux. Une vingtaine seulement apparaissent en copie. Par contre, nous en possédons de chiffrées, les unes traduites, les autres encore maîtresses de leur secret.

Sans exagérer l'importance de ces documents, nous les croyons dignes de voir le jour. Après la première bonne fortune qui me les a fait tenir de la générosité de M. le général Trochu, les lettres de Stamaty en ont rencontré une seconde en venant aux mains de M. Émile Legrand, qui, à ma prière, veut bien se charger de les éditer et de les traduire. J'y joindrai quelques notes indispensables pour éclairer ou rectifier ces renseignements écrits avec trop de hâte pour être toujours soit très-précis, soit très-exacts. Les correspondances de Vienne, de Berlin, de Varsovie, de Constantinople, seront également publiées, s'il paraît toutefois que le premier aperçu que nous en donnons éveille la curiosité du lecteur.

M. É. Legrand a publié en grec la correspondance du mois de janvier 1793, et la traduction des lettres du 21 juin et du 25 juillet 1792, et d'un fragment de la curieuse lettre du 11 août de la même année, où sont racontés de visu *les événements accomplis la veille.*

Je détacherai également à titre de spécimen quelques lettres des autres recueils.

Sans avoir l'intention de faire imprimer ces documents à l'aide de souscriptions, nous ne saurions sans témérité nous engager dans cette laborieuse entreprise, qu'autant qu'elle sera encouragée par l'accueil fait à cette première publication. Ajoutons en terminant que nous recevrons avec reconnaissance les renseignements qu'on voudra bien nous donner, soit sur l'origine de nos documents, soit sur l'existence en d'autres mains de documents de même provenance.

L'inventaire de ces curieuses épaves du cabinet de l'hospodar Michel Soutzo sera terminé, quand nous aurons signalé un recueil de pièces diverses (notes de chancellerie, proclamations, résumés des débats parlementaires, extraits de journaux) envoyées par les correspondants et soigneusement reliées par année et par date d'origine. C'est une sorte d'annuaire ou de répertoire diplomatique, d'où l'on pourra extraire quelques titres curieux.

Jules LAIR.

LETTRES DE PARIS.

Paris, 21 juin 1792.

Les terribles soupçons que nous avions conçus, il y a quelques jours, sur les dispositions de la multitude se sont en partie réalisés; et, quoique toute l'Europe ait les yeux fixés sur les différentes formes que ce royaume revêt presque chaque jour, il ne me semble pas superflu de raconter à Son Altesse quelques curieux détails, capables de lui donner une faible idée d'une nation qui a perdu toute espèce de respect pour pouvoir refréner ses passions brutales et ses caprices déréglés.

Le corps législatif, composé, comme je te l'ai écrit, d'esprits fanatiques et par trop démocrates, a peur que le Roi ne l'emporte par différents moyens, et désire plutôt subjuguer la puissance royale, qui conserve encore beaucoup de partisans. Il a rendu un décret qui réunit dans les environs de Paris une force armée de 20,000 soldats, qu'il emploierait aisément, à l'occasion, pour exécuter ses projets. La Cour, en prévision des conséquences d'un tel rassemblement de troupes, a refusé de sanctionner ce vote, qui détruirait l'ombre de puissance qui lui reste encore. En même temps, on a décrété l'exil en masse des moines et des prêtres, qui ne se sont pas soumis à la nouvelle constitution politique.

Le Roi, autant par bonté d'âme que par vénération pour l'Église catholique, n'a pas encore pu se résoudre à valider ce décret de persécution contre le clergé. Voilà les causes de ce soulèvement populaire, qui, par bonheur, n'a pas eu de suites fâcheuses pour la famille royale.

La populace des faubourgs, brandissant des armes de toute espèce, s'est portée sur le palais du Roi, dont elle a violemment brisé les grilles. Ensuite elle a pénétré jusque dans les appartements du Roi et de la Reine, en criant à tue-tête que le Roi trompe la nation, contracte alliance avec l'Autriche et s'oppose à la volonté générale, et que, s'il ne se décide pas à changer sa façon d'agir, la nation française détruira le pouvoir royal, comme funeste à la liberté.

Le Roi a entendu ces audacieuses paroles sans changer de couleur, et a promis d'examiner si les réclamations du peuple sont légitimes. Cependant la foule hurlait que les décrets en question étaient nécessaires à sa tranquillité et qu'il fallait les valider. Alors les démagogues de la ville se sont mis à haranguer la populace, l'exhortant à se disperser et à ne pas oublier le respect qui est dû à la majesté royale; mais elle a exigé, avant de se retirer, que le Roi se coiffât d'un bonnet rouge, semblable à celui de nos insulaires, emblème, suivant elle, de la liberté. En même temps, on a offert à la Reine la cocarde tricolore. Le Roi et la Reine n'ont opposé aucune résistance, et la multitude (40 ou 50,000 hommes), armée de piques et de sabres, s'est peu à peu dispersée, sans qu'il y ait eu effusion de sang.

Hier, le Roi a écrit qu'il persiste dans ses résolutions et qu'il ne sanctionnera pas les deux décrets, de peur que l'Europe ne le soupçonne d'y avoir été contraint par la populace.

Jusqu'à ce jour nous avons été tranquilles, et nous espérons que le commun peuple ouvrira les yeux et comprendra qu'il se suicide, en se livrant au désordre. Une chose qui m'a semblé extraordinaire, c'est que, presque depuis le jour où cette révolution a commencé, la multitude n'a jamais rien pillé et jamais n'a injurié qui que ce soit. Hier, on n'a pas volé une aiguille, ce qui n'a pas lieu en Angleterre, où la populace ravage, détruit, et se comporte avec une sauvage barbarie.

Le 19 courant, l'armée française a pénétré en Belgique, et s'est emparée de trois ou quatre villes importantes, quoique non fortifiées, où elle a trouvé peu de résistance.

On dit que les Autrichiens concentrent leurs forces, environ 30,000 hommes, entre Mons et Tournay, pour tomber de concert sur l'armée française, quand elle se sera divisée dans les différentes villes de Belgique. Nous nous attendons chaque jour à apprendre la nouvelle de quelque grande bataille qui préparera des changements considérables des deux côtés. Il paraît assez certain qu'un corps de 42,000 Prussiens, commandé par le célèbre duc de Brunswick, descend sur les bords du Rhin, entre Coblentz et Mayence, et que, vers le 20 juillet, il sera mis sur le pied de guerre. Le roi en personne se rendra à Coblentz, où il aura une entrevue avec le roi de Hongrie. Il peut se faire toutefois que ces troupes soient destinées à appuyer l'élection du nouvel Empereur, que les démocrates français seraient capables d'entraver.

Les pays de l'Europe septentrionale ne sont pas moins curieux à observer. Catherine, quoiqu'elle ait engagé avec la Pologne une guerre, dont il serait difficile de fixer la durée, semble néanmoins ne pas négliger ses projets hostiles contre la France. Ne t'imagine pas toutefois que Catherine s'intéresse beaucoup aux nobles et aux prélats français. Persévérant dans son ancienne intention d'être seule souveraine absolue des pays du Nord, et de chasser les Ottomans hors d'Europe, elle pense que, en allumant au midi un immense incendie et en donnant de l'occupation à ses puissants voisins dont l'ambition et la puissance peuvent mettre obstacle à ses projets, elle viendra facilement à bout de ce qu'elle désire. Le secours de la Suède lui a paru propre à appuyer ses desseins contre nous. Voilà pourquoi elle a sollicité l'amitié de Gustave III, malgré sa grande antipathie pour ce monarque, dont la mort imprévue a embrouillé toute cette politique.

Le régent de Suède, qui sait mieux calculer que son frère, après avoir, sous différents prétextes, retardé sa réponse, a fait définitivement savoir que sa position actuelle lui interdit de s'immiscer dans les affaires de l'étranger. En même temps, il a permis à Armfeld, gouverneur de Stockholm, et au baron de Tob, qui conseillaient au feu roi de poursuivre les Français, de partir pour les bains d'Aix-la-Chapelle.

Quant aux affaires de Pologne, nous apprenons que le maréchal Potocki est parti, le 31 mai, pour Berlin, afin de rappeler au roi ses traités de l'année dernière avec la Pologne. Cette mission ne sera pas d'une bien grande utilité pour les Polonais, d'autant plus que les projets de la Prusse apparaissent assez clairement dans la note que son ambassadeur, le marquis de Lucchesini, a envoyée au ministère polonais. Et, malgré tout cela, un corps de 25,000 Prussiens, commandé par le général Mollendorf, s'est porté sur les frontières de la Pologne, vers le 12 courant.

Le secrétaire de l'ambassade polonaise d'ici m'a dit hier que, depuis leur entrée en Pologne, les Russes ont publié un ukase de Catherine, qui veut essayer, dans ses intérêts, de renouveler la confédération. Il m'a dit également que, malgré toutes les violences exercées par les généraux, personne n'a voulu signer. Il a ajouté que le prince de Wurtemberg, qui était désigné pour commander en Lithuanie contre les Russes, a refusé ce poste, sous prétexte qu'il est le frère de l'archiduchesse de Russie, et que la princesse Czartoriski, sa femme, s'est, comme patriote, séparée de son mari. Il m'a dit en outre qu'un corps russe, entré en

Pologne par Kiew, a essayé de couper les communications de l'armée commandée par le prince Joseph avec celle qui est sous les ordres des généraux Biarkoski et Kosciusko, mais que Joseph s'était retiré avec ses troupes dans la ville de Louvor, au-delà du fleuve Barck, dont les rives sont fameuses dans l'histoire de Pologne, à cause des trois batailles que les Tartares y perdirent, sous Sigismond I.

Voilà pour aujourd'hui. Je reste comme toujours ton intime ami et frère, et j'attends des réponses à toutes les lettres que je t'ai écrites depuis le 21 mai.

Dis à mon père que son silence me plonge dans le désespoir. J'ai besoin d'argent pour continuer notre correspondance qui devient très-curieuse dans les circonstances actuelles.

Je désire que tu m'écrives si la nomination de Mélek Mechmet Pacha est utile ou nuisible aux intérêts de Son Altesse. Donne-moi aussi des nouvelles de mon bien cher Beïzadé Grégoresco; marche-t-il dignement sur les traces du Prince?

Paris, 25 juillet 1792.

N° 11.

La disposition des esprits est ici à peu près toujours la même, et, quoique les dangers de la patrie augmentent journellement avec l'instabilité de la populace, je ne remarque aucun changement dans les habitudes de chaque jour, aucune relâche dans les plaisirs et les divertissements de la vie parisienne. Comme auparavant on fréquente les réunions, les théâtres et les autres lieux de récréation, sans se soucier nullement de savoir qui gouverne. Toutefois la multitude, inoccupée à cause du départ des riches qui la nourrissaient auparavant, s'occupe d'affaires politiques, discute, se révolte, et ne trouve pas ses intérêts conformes à ceux du gouvernement actuel. Pour cette raison, attribuant à l'imprévoyance et au mauvais vouloir du Roi les conséquences de sa propre anarchie, elle désire renverser ce qu'on appelle ici le pouvoir exécutif, comme étant la principale cause des malheurs de la patrie. D'un autre côté, le Roi, craignant pour sa vie (dont je ne voudrais pas répondre), a complétement perdu la carte, comme un homme sans caractère, incapable de veiller à ses intérêts en de pareilles circonstances. Hier, il a été proposé à l'Assemblée de condamner le Roi actuel à perdre sa couronne, comme un monarque indigne d'exercer le pouvoir royal. La foule qui encombrait les couloirs et les spectateurs présents dans la salle ont vivement applaudi une question qui peut attirer sur la France une Iliade de malheurs, d'autant plus que les rois d'Espagne et d'Angleterre, ainsi que les innombrables amis du monarque, s'allieront pour combattre les démocrates, et nul doute qu'ils ne finissent par triompher.

La bourgeoisie court elle-même à sa perte, sans voir le danger.

Il a été publié partout un contre-manifeste de la cour de Vienne, dans lequel la maison d'Autriche déclare que son intention est de faire son possible pour rétablir le Roi dans ses droits primitifs, et que la Prusse est d'accord en cela avec les autres alliés. Mannheim paraît destiné à être le siége du congrès projeté. Aussitôt que l'on sera convenu des moyens propres à rétablir la monarchie française, les mouvements militaires commenceront depuis Dunkerque jusqu'aux Bouches-du-Rhône; car, comme je te l'ai précédemment écrit, le roi de Sardaigne se prépare, avec toute la diligence possible, à transporter dans les provinces méridionales toutes ses forces, composées de 50,000 hommes, non compris les 10,000 que Naples a promis aux alliés.

Quant au secours de la Russie, il paraît que les alliés préfèrent ses roubles à l'entrée de ses valeureux soldats en Allemagne, et, malgré les hâbleries ambitieuses des aristocrates, Catherine consent à concourir aux frais de l'expédition ; et, s'il en est besoin, elle peut, l'année prochaine, leur envoyer un corps d'armée.

Pour le moment, nous nous attendons à recevoir des frontières la nouvelle de la marche des Piémontais sur Lyon, où il y a beaucoup de factieux, et celle de l'entrée des Austro-Prussiens dans les Provinces Rhénanes.

Un fait curieux, c'est que, dans les États du roi de Sardaigne, les prêtres lisent dans les églises une lettre pastorale de l'évêque de Turin, qui exhorte les fidèles catholiques à faire des prières contre les Français, ennemis de la religion et de leur souverain, et à renouveler les croisades contre une nation qui ne veut plus du pouvoir papal et des monastères du catholicisme.

Pendant ce temps là, 10,000 Autrichiens sont sur le point de faire leur jonction avec les Piémontais, pour écraser leurs adversaires avec une plus grande facilité.

Les Autrichiens, voyant que les armées françaises avaient quitté les frontières belges pour empêcher les autres troupes de passer le Rhin, ont occupé, au nombre de 12,000 hommes, Bavay, ville sans garnison, qu'ils contraignent les paysans à fortifier, pour de là s'avancer sur Cambray et Valenciennes. On espère pourtant qu'on ne les laissera pas tranquilles.

Telles sont, en résumé, les affaires de la France, dont la situation est bien incertaine jusqu'à ce jour, d'autant plus que les ennemis prennent leurs mesures avec réflexion avant de commencer la guerre avec une grande nation qui, quoiqu'actuellement en proie au désordre, n'en combat pas moins pour la liberté et la patrie. Qui sait si la France ne rappellera pas au souvenir des modernes Marathon et les

Thermopyles, où l'esprit de liberté de nos aïeux triompha de toutes les forces de l'Asie?

Voici ce qui concerne la Pologne. Le prince Poniatowski a jugé à propos de quitter sa position à Ostrog, le 27 juin, pour faire approcher ses troupes de Warkowick, à deux lieues au-dessus de Dubno. Pendant ce temps, les Russes se sont rendus maîtres de la Volhynie presque tout entière, tandis qu'ils remportent de grands succès en Lithuanie, d'où ils peuvent arriver jusqu'à Varsovie.

Cependant les Polonais ont pour général en chef dans la Lithuanie un certain Michel Zabiello, dont les connaissances militaires, acquises au service de la France, leur donnent de grandes espérances.

Quoique la ville de Nikowitz n'ait pu résister aux armées russes qui ont fait prisonniers 6,700 hommes et pris 28 canons, et quoique le général Fersen se soit avancé jusqu'à Slonim, le susdit général Zabiello est parti de Grodno pour marcher à la rencontre des ennemis et leur livrer bataille avant que les armées sous les ordres de Dolgorouki, Fersen et Melin puissent en venir aux mains, de sorte que nous attendons avant peu le résultat desdits mouvements.

Ce qui est évident cependant, c'est que les Polonais, malgré tout leur zèle et leur patriotisme, sentent eux-mêmes leur faiblesse et désirent une paix quelconque, surtout depuis qu'ils ont reçu les réponses des cours qui ont contracté alliance et amitié en tout ce qui sert à enrayer les nouvelles doctrines et les innovations dans les idées et les gouvernements de l'Europe.

Au mois d'août, le roi de Naples se rendra à Vienne, tandis que l'empereur visitera Francfort et Prague. L'archiduc palatin, qui est resté à Bude, jouit de la sympathie de tous les Hongrois qui, plus que jamais, donnent des preuves d'attachement et de respect à la maison d'Autriche, à cause des nombreux priviléges qui leur ont été accordés, comme, par exemple, la permission de transporter librement en Autriche les marchandises hongroises, excepté le tabac; la préférence accordée à ceux de leur race pour les différents emplois que remplissaient autrefois les Autrichiens, et, en outre, la réunion de la chancellerie des Slaves à celle des Hongrois, comme sous Joseph, et beaucoup d'autres concessions, qui ont grandement accru l'amitié des Hongrois pour l'Autriche. Voilà, comme je te l'ai déjà écrit, ce qui rendra inutile de la part de vos provinces une guerre en faveur de la France, dont les intérêts ont évidemment une étroite affinité avec ceux de la Sublime Porte.

Malgré tout cela, la nomination de M. de Semonville à l'ambassade de Gênes, depuis qu'il a été envoyé à Turin et chassé par le roi, sous prétexte de Jacobinisme, ne me paraît pas encore certaine, d'autant plus que le ministère d'ici change presque chaque jour. Malgré toutes les recherches que j'ai faites aujourd'hui, je ne sais pas qui a été nommé hier ministre des Affaires étrangères, et cela n'a rien d'étonnant, car il a été décrété avant-hier que chaque ministre sera responsable de ce qui peut arriver jusqu'à la conclusion de la paix. Voilà pourquoi peu de personnes se soucient d'accepter une si périlleuse dignité.

Comme je te l'avais écrit, la Hollande continue à être tranquille jusqu'à ce qu'elle soit provoquée par la Prusse qui la tyrannise. Cette année, selon son habitude, elle envoie dans la Méditerranée une escadre qui, en cas de besoin, portera secours aux alliés.

L'Italie est calme; elle redoute cependant les conséquences des affaires de la France, surtout le pape, qui fortifie les côtes de ses États, et se prépare à mettre sur le pied de guerre ses 3,000 Romains avec leurs parapluies. Il a nommé généralissime un Prussien, que voilà ainsi chargé de défendre l'Église catholique et apostolique.

A Trieste les marchands ne sont pas tranquilles, et le

gouvernement fait divers préparatifs militaires pour prévenir les Français.

Voilà le résumé succinct des nouvelles du jour. Je t'écrirai plus tard tout ce qui arrivera de curieux et de digne d'être mis sous les yeux de Son Altesse, que Dieu garde!

J'ai reçu tes deux premières réponses, mais je n'ai pas reçu celle que tu as probablement faite à ma lettre du 2 juin, et je me demande avec étonnement pour quelle raison. J'envoie maintenant directement mes lettres à Rhousti, et tu les reçois sûrement, je n'en doute pas.

Mes respects à mon père et aux amis.

Adieu, le meilleur de mes amis.

Ton Constantin.

(JOURNÉE DU 10 AOUT 1792.)

(Traduction d'un fragment de la lettre de Stamaty à Kodrikas, en date du 11 août 1792.)

Voici le récit du très-dramatique et très-funeste événement qui est arrivé ici sous mes yeux, et qui, comme le fameux jour de la Saint-Barthélemy, ensanglante l'histoire de France. Ainsi que je te l'ai écrit dans ma lettre précédente, la ville de Paris, transformée en Commune, a demandé à l'Assemblée nationale, par l'intermédiaire de son premier magistrat, de prononcer la déchéance de Louis XVI. L'Assemblée, n'ignorant pas les périlleuses conséquences qui pourraient résulter de ce nouvel état de choses, a refusé de prendre en considération cette incroyable demande du peuple. Ce refus, ayant accru l'impatience de la multitude, a été plus préjudiciable au roi que ne l'eût été un décret de déchéance immédiate.

Le bruit se répandit (jeudi 8 août) que les faubourgs,

porteurs, selon leur habitude, d'armes de toute espèce, se proposaient d'attaquer nuitamment le palais. Le gouvernement prit toutes les mesures nécessaires pour s'opposer à l'irruption du torrent, mais échoua complétement. A minuit, en effet, on a commencé à sonner le tocsin précurseur des massacres. Alors petits et grands sont sortis de chez eux, armés, et se sont réunis en divers endroits de cette grande ville; de sorte qu'à sept heures du matin il s'est trouvé dans les rues de Paris 80,000 hommes en armes, marchant ensemble, avec leurs canons, contre le palais qu'on appelle *les Tuileries*. Lorsqu'ils sont arrivés devant les fenêtres de ce palais, le Roi, après avoir fait ranger ses gardes suisses et d'autres soldats nationaux, est descendu avec la reine, sa sœur et ses deux enfants, et s'est rendu dans la salle de l'Assemblée, où il a demandé asile contre le peuple. Pendant ce temps, les Suisses qui étaient dans les salles et les appartements du palais ont reçu ordre de leurs officiers de faire une décharge générale de leurs fusils. Cette décharge, faite à dessein, a tué 250 patriotes qui se trouvaient devant les fenêtres du palais. A la vue de ses frères tués par trahison et malgré la promesse faite par les Suisses de déposer les armes, le peuple s'est rué avec furie sur le palais du Roi, après avoir pointé contre cet édifice cent canons chargés à mitraille. Ensuite, il est entré dans les appartements avec des baïonnettes, des sabres et un nombre infini de piques; il y a trouvé les Suisses et les gens de la cour qu'il a tués sur place, de façon que, dans l'espace d'une heure, assure-t-on, 900 Suisses ont été tués et leurs cadavres jetés par les fenêtres. Je me trouvais malheureusement moi-même dans le jardin du palais, n'ayant pu en sortir à cause de la foule, et j'ai compté plus de 400 corps de ces infortunés Suisses, tombant comme des pierres des troisième et quatrième étages. En un mot, cher ami, il est impossible de raconter un pareil massacre. 80 ont été pris vivants et conduits à l'Hôtel-de-Ville; les malheureux demandaient pardon de leurs fautes, mais la multitude les a impitoyablement égorgés l'un après l'autre. On en voyait d'autres fuir dans les rues du palais; le peuple les poursuivait et les tuait comme des bêtes fauves. Je me suis par malheur trouvé dans une rue où, sous mes yeux, on en a tué cinq qui faisaient un semblant de résistance. Après cette épouvantable expédition, le peuple s'est répandu dans le palais, dans les appartements du Roi, où il a brisé tout ce qu'il a trouvé; c'est à peine si l'on a épargné une table ou une glace. Personne pourtant n'a dérobé une obole. Si l'on surprenait un voleur, il était immédiatement puni de mort : j'en ai vu fusiller trois sous mes yeux. On a mis le feu aux écuries royales et à d'autres pavillons voisins du palais; toutefois le palais n'a pas été incendié. Pendant toute la durée de cette tragédie, le Roi se trouvait au milieu de l'Assemblée qui délibérait, en sa présence, sur la demande de déchéance. Après quatre ou cinq heures de débats, un décret a été rendu qui suspend le Roi de ses fonctions jusqu'à la réunion d'une Convention nationale, à laquelle le peuple souverain conférera le pouvoir de fonder un nouveau système politique. Ainsi donc la fameuse constitution n'existe plus pour la France, à qui elle a coûté tant d'argent et de sang humain.

Pendant la nuit, l'Assemblée a nommé six ministres patriotes, après avoir décrété que les ministres du Roi s'étaient montrés indignes de la confiance de la nation.

Les diamants et les bijoux de la Reine ont tous été préservés, et le peuple les a apportés à l'Assemblée. Quant à ses vêtements et à son mobilier, tout a été mis en pièces. Le Roi a passé la journée dans une petite chambre contiguë à la salle de l'Assemblée, et la nuit il s'est transporté au palais de son frère, le Luxembourg, à côté de ma maison.

Nous ignorons encore quelle sorte de sensation produira cet événement dans l'armée, où le Roi compte de nombreux amis. Ensuite il est certain que les Suisses voudront tirer vengeance du massacre de leurs compatriotes, et l'Angleterre et l'Espagne ne tarderont pas à entrer dans l'alliance générale, d'autant plus que l'ambassadeur d'Angleterre avait signifié que, dans le cas où la déchéance serait prononcée, il quitterait Paris; et, selon ce que j'ai appris, il a fait hier ses préparatifs de départ.

Je te prie, frère, de me pardonner le désordre de cette lettre. Mes idées sont bouleversées, tant est violent le mal de tête que m'a causé la vue de tant de cadavres épars dans les rues et les places publiques, et la frayeur dont j'ai été saisi, quand je me suis trouvé au milieu du feu et des balles qui sifflaient autour de moi.

Je t'envoie la présente directement; puisses-tu la recevoir avant les autres, pour que cette curieuse nouvelle parvienne à temps à Constantinople. Dis à mon père que je vis encore et que je m'étonne d'en être réchappé. Dans ma prochaine, je t'informerai plus exactement du nombre des morts. Je suppose qu'il y en a 2,000, patriotes et Suisses.

CORRESPONDANCE DE VIENNE.

Nous publions les trois premières lettres du recueil. Aucun Français ne les lira sans ressentir une vive douleur en y trouvant les noms de Reichsoffen, de Woerth, de Wissembourg. Notre armée, sous le commandement de Hoche, y infligea aux Allemands trois échecs successifs, les poussant devant elle comme, hélas! ils ont fait à leur tour en 1870, avec cette différence que des échecs ont pris la proportion de désastres. A notre tour de dire encore comme le correspondant de Vienne : « Il est probable qu'on ferait aujourd'hui avec empressement ce qu'on aurait dû faire avant de commencer la guerre, abandonner la nation allemande (notre Viennois dit *française*) à son sort et garder ses frontières. »

Vienne, le 1ᵉʳ janvier 1794.

N° 1.

L'année 1793 a fini comme elle avoit commencé. Elle trouva la révolution de la France et la guerre qui en étoit la suite. Elle les fomenta et les délaissa. L'une et l'autre, au lieu de toucher à sa fin, est devenue plus générale, plus meurtrière et plus accablante pour l'humanité. Il faut espérer que la nouvelle année sera plus paisible que sa sœur, et qu'elle saura terminer les malheurs que l'autre lui a endossés.

Les nouvelles que l'on peut donner aujourd'hui retombent pour la plupart sur le compte de l'année passée, la nouvelle étant trop courte pour qu'on en puisse dire autre chose que ce qui se dit et se fait à chaque changement de l'an.

On s'est complimenté en ville hier comme de coutume, et aujourd'hui il y avoit à la Cour grand gala, cercle et table ouverte. On publia quelques avancements militaires, mais point de changements dans les départements civils, comme on l'avoit présumé. Voilà tout.

Après avoir fait raison à la nouvelle année, revenons à l'ancienne. On y célébra, dimanche passé, par ordre de la Cour, une fête générale pour remercier Dieu des succès des armes autrichiennes contre la France, dans la dernière campagne, et pour demander ses bénédictions divines pour l'avenir à ce sujet. Mais cette fête a été troublée. Le matin, un courrier nous apporta une nouvelle alarmante de l'armée. Quoique les François avoient attaqué l'armée de Wurmser, presque tous les jours dès le 18 novembre passé, ils le faisoient toujours sans avantage et furent repoussés presque partout avec perte. L'armée de Wurmser, il est vrai, ne s'en trouva pas mieux. Harcelée jours et nuits, elle souffroit beaucoup. Les blessures et les fatigues menoient officiers et soldats à l'hôpital. On comptoit parmi les malades plusieurs généraux, le prince de Waldeck, les barons Splény, Meszaros, etc., beaucoup d'officiers et 8,000 soldats.

Cependant les précautions que M. de Wurmser avoit prises, en faisant une ligne suivie de fortifications, rendoient jusque-là chaque effort des François vain. A la fin il a fallu céder. Le poste de l'armée de Freschwiller fut attaqué, le 22 décembre, d'un corps françois fort d'à peu près 20,000 hommes, avec telle force que, nonobstant la résistance héroïque des troupes autrichiennes et des meilleures dispositions du général Hotze, qui les commanda, les François percèrent la ligne. Le général, forcé par là à la retraite, s'est porté sur une montagne, près de Wordt. Le comte de Wurmser, à peine informé de cet événement, trouva nécessaire de donner à son corps d'armée une autre position, et le fit replier, dans la nuit suivante, derrière la Surr, tandis qu'il chargea le général Lauer de la défense du fort Louis. Mais, le lendemain matin, le général Hotze fut contraint de quitter encore sa position et de se retirer sur la montagne de Geisberg, près du village de Roth, où il accosta les Prussiens. Ce changement avoit nouvelle influence sur l'armée de Wurmser, et l'engagea à reculer encore une fois, et à se placer sur la hauteur près de Wissembourg. Les François poursuivirent l'armée de tous côtés, et l'attaquèrent le même jour après-midi avec beaucoup de fureur et grande supériorité en artillerie et troupes, tant en front qu'en flanc, avec tant de célérité, que les troupes impériales-royales, à peine rangées en ordre de bataille, eurent toute la peine imaginable de le soutenir. Le combat dura jusque dans la nuit. Cependant les Autrichiens demeurèrent maîtres du champ de bataille, tandis que la perte étoit considérable des deux côtés. Au moment que le courrier partoit, la position des armées étoit telle qu'on s'attendoit à tout moment à une nouvelle affaire, qui décidera probablement pour cette campagne le sort de l'Alsace et celui de la ville de Landau, qui jusqu'à présent étoit bloquée. On assure que le général Wurmser étoit déterminé à livrer, coûte qu'il coûte, une bataille, dont cependant l'issue est d'autant plus à craindre que la Convention nationale doit avoir donné ordres, munis de la guillotine, aux généraux françois de ne rien épargner pour forcer les armées combinées à quitter la France, dût cela coûter 100,000 hommes.

Les principes des François et leur façon d'agir d'aujourd'hui sont tels qu'on peut s'attendre à tout, vu que c'est moins l'art et le savoir-faire des généraux, que le nombre, la fureur et l'importunité des attaquants qui décident. La Cour impériale-royale a résolu de continuer la guerre avec la dernière vigueur. Elle vient d'ordonner la marche de 10,000 hommes de cavalerie, pour renforcer l'armée de Wurmser, outre la levée de 90,000 recrues à faire pour ses armées en général. On peut dire, dans la force du terme, que c'est un sacrifice fait aux intérêts de toutes les Cours et à l'humanité.

La Cour de Berlin paraît vouloir se rétracter. Son ministre près la Cour impériale-royale vient de déclarer à celle-ci que son maître se voyait hors d'état de continuer la guerre sur le pied commencé, qu'au cas que les Cours d'Autriche, d'Angleterre, la Hollande et l'Empire lui payeroient des subsides. La somme demandée à cet égard monte à 33 millions de florins, dont 5 millions doivent tomber à la charge à la Cour impériale-royale, 12 millions à l'Angleterre et la Hollande, et le reste à l'Empire. La Cour impériale-royale y a donné une réponse dilatoire, et s'est mise en correspondances avec les Cours intéressées, outre qu'elle en fera part à l'Empire.

Les attaques continuelles des François et la peur d'une nouvelle invasion, qui pourroit en être la suite, ont engagé les princes et États de l'Empire, qui ont des possessions aux frontières de la France, d'armer leurs sujets. Les mêmes mesures ont été trouvées nécessaires dans les villes de Mayence et de Francfort-sur-Mein. L'Électeur de Mayence vient de donner pour cela une ordonnance détaillée aux bourgeois de la première de ces villes.

———

Vienne, le 8 janvier 1794.

N° 3.

Il paroît que l'année passée a voulu couronner son œuvre, en favorisant les François de tous côtés. La reprise de Toulon n'est que trop vraie. Les François avoient trouvé moyen d'occuper, soit par trahison (on en accuse les troupes napolitaines qui étoient de la garnison), soit par malentendu (à une prétendue confusion arrivée avec la parole), l'un des forts qui dominent la ville. De là on canonna tant la ville, au point que la garnison se trouva hors d'état de se soutenir. Le commandant prit, en conséquence de cela, la résolution de la quitter ; et après y avoir ruiné et brûlé l'arsenal, les magasins, le chantier, la plupart des vaisseaux (à l'exception de quatre qu'on a laissés aux habitants pour se sauver), on se retira.

La retraite de l'armée combinée hors de l'Alsace a eu également lieu. D'après l'affaire du 26 décembre, qui a si mal réussi, le général Wurmser s'est toujours replié sans avoir pu se soutenir dans aucune des cinq positions prises successivement. A la fin il a fallu céder à la nécessité et repasser le Rhin, ce qui s'est fait le 29, près de Philipsbourg. Le général Wurmser a pris depuis son quartier général à Heidelberg, pour couvrir Mannheim, tandis que les Prussiens ont levé le blocus de Landau et se sont repliés sur Altzey et Creuzenach, dans le Palatinat. Voilà donc l'Empire derechef exposé aux invastations et aux brigandages des François.

Cette guerre est sûrement une des plus malheureuses et en même temps une des plus infructueuses qu'on ait jamais entreprises. On vouloit arrêter par là la Révolution françoise, et on l'a secourue. On vouloit sauver le roy et soutenir le trône de la monarchie françoise, et l'on a renversé l'un et promu le roy et la reine à l'échafaud. A mesure que l'on s'opposoit à l'effervescence de cette nation, elle a pris le mors aux dents et s'est avisée d'aller plus loin qu'elle ne s'étoit proposé au commencement, et qu'elle ne seroit allée probablement, si les Cours étrangères ne s'en étoient point mêlées. Aujourd'hui la position des cours coalisées et surtout des cours allemandes est bien embarrassante. Pour le coup il faut continuer la guerre, coûte qu'il coûte, tandis qu'il est à prévoir qu'il n'y a plus rien à gagner, et beaucoup à perdre, puisqu'on a affaire à une grande nation qui veut être libre, et qui, mettant tout en jeu, n'a plus rien à risquer, mais beaucoup à gagner, qui pille et vole partout où elle vient, et qui se moque des anciens préjugés de probité et des droits des gens. Il est probable qu'on feroit aujourd'hui avec empressement ce qu'on auroit dû faire avant que de commencer la guerre, abandonner la nation françoise à son sort et garder ses frontières.

———

Vienne, le 15 janvier 1794.

N° 5.

Les François avancent de plus en plus dans l'Empire et il est à prévoir qu'il faudra employer les plus grands efforts pour s'en débarrasser. Ils viennent d'occuper la ville de Franckenthal, au Palatinat, après avoir été repoussés de Worms. La prise de la première ville est d'autant plus fatale qu'il y avoit un grand magasin prussien, qui probablement sera, au moins pour la plupart, tombé entre leurs mains. La cour impériale fait marcher entre autres le corps de réserve qui étoit posté jusqu'à présent à Eger sur les confins de la Bohême, fort de 16,000 hommes, pour s'opposer au torrent.

Le comte de Wurmser vient d'être rappelé, et la Cour impériale-royale a nommé son successeur le général comte de Brown, neveu du feld-maréchal Lascy, qui a accepté cette commission, quoique avec quelque répugnance, vu le mauvais état de sa santé.

Le bruit court que le duc Albert de Saxe-Teschen, époux

de l'archiduchesse Christine, a été nommé gouverneur et commandant général de la Bohême. Le comte Laszanski, qui a été jusqu'à présent burggrave (gouverneur) à Prague, viendra ici en qualité de président de la chambre des contrôles de la Cour, qu'on va établir nouvellement; le comte Strasoldo, qui avoit jusqu'à présent la direction du bureau des comptes, sous le titre de Teneur général des livres des comptes d'État, ayant été mis en pension.

La convocation d'une diète hongroise n'est pas absolument sûre, quoique l'archiduc Palatin l'ait proposée à diverses reprises. On prétend que la Cour l'a différée par politique, les Hongrois ayant plusieurs griefs en poche dont la proposition pourroit déplaire.

L'évêque de Trieste, comte de Hohenwart, vient d'être nommé par Sa Majesté l'Empereur à l'évêché vacant de Saint Hypolite.

Des lettres de Pétersbourg portent la nouvelle que M. de Morkoff remplacera M. de Sievers en sa qualité d'ambassadeur à Varsovie. Voilà donc une nouvelle disgrâce qui donne ce qu'une autre disgrâce avoit ôté. Quoique les Polonois aient fait tout pour réparer le prétendu tort qu'on leur imputoit à l'égard de la conservation d'un ordre militaire qui déplaisoit à la cour de Russie, en abolissant cet ordre et en défendant, sous peine de mort, à qui que ce soit de le porter, on ne croit pourtant pas que la Cour de Pétersbourg y acquiescera, mais on présume qu'elle détachera encore une province de la Pologne.

On a mis ici dans le catalogue des livres prohibés un discours prononcé par le Pape, à l'occasion de la mort du roi de France, dans un consistoire tenu à ce sujet. Le titre est : *Acta sanctissimi domini nostri Pii, divina Providentia papæ VI, in consistorio secreto feria secunda die XVII Junii* 1793, *causa necis illatæ Ludovico XVI, Galliarum regi christianissimo.* Le roi y est déclaré martyr. La cause de cette défense paroît être que l'évêque d'Erlau avoit fait réimprimer ce discours papal à Waitzen, en Hongrie, sans la permission de la Cour, et qu'il y a des assertions qui déclarent les Calvinistes moteurs de la mort du roi. *Quis unquam,* dit Sa Sainteté, *dubitare possit quin ille rex præcipue interemptus fuerit in odium fidei et ex Catholicorum dogmatum insectatione? Jam diu erat cum Calviniani in Gallia orthodoxæ religioni periculum moliri cœperant; sed parandi prius fuerant animi ac impiis imbuendi doctrinis populi, quas ex eo tempore, per libellos perfidiæ ac seditionis plenissimos, in vulgus spargere non desistebant, ac ad sui propositi societatem perversorum philosophorum operam adjungebant. Cum teterrimi illi homines multum se proficere, jamque adesse tempus sua exsequendi consilia agnoscerent, aperte proferre cœperunt, in libro typis edito anno 1787, assertionem Hugonis Rosarii (seu si quis alius est ejus libri auctor), laudabile nempe esse tollere de medio supremum principem, qui obsequi religioni reformatæ non vult, nec in se partes suscipere Protestantium pro eadem religione. Qua tam iniqua sententia, paulo ante declarata quam Ludovicus in vitæ miserrimas incidisset vices, palam omnibus factum est quæ illius origo fuerit ærumnarum.*

On est fort curieux ici de voir l'issue des délibérations sur la guerre présente, qui auront lieu au Parlement anglois, dont les séances recommencent le 21 du courant. On s'attend à des déclarations très-fortes du côté de l'opposition, qui pourroient engager le ministère anglois à prêter la main à des négociations de paix, d'autant plus qu'il paroît que les François commencent à revenir de leurs folles idées de vouloir réformer l'univers et rendre leur liberté chimérique générale, vu les discours nouvellement prononcés par le Dictateur Robespierre.

L'Empereur vient d'abolir deux arrangements faits par feu son oncle l'empereur Joseph. L'un est la discussion des affaires matrimoniales, qui avoit été confiée jusqu'à présent aux tribunaux civils, et qui retombera aux consistoires. L'autre objet de ce changement est la loi de ne lire qu'une seule messe à la fois dans une église. En conséquence il sera de nouveau permis de lire dans une église à la fois autant de messes que l'on veut.

Les lettres de la Hongrie portent que des hordes de brigands parcourent le pays, pillent les villages et font des excès horribles. Les comitats ont fait marcher des troupes contre eux, qui en ont fait beaucoup de prisonniers. Le moyen de les punir, au moins en partie, est de les faire soldats et de les envoyer contre les François, où ils seront à même de faire valoir leurs inclinations à leur aise.

CORRESPONDANCE DE BERLIN.

Berlin, 27 février 1792.

Monsieur de Ségur est parti d'ici hier pour retourner à Paris. Il aura pour successeur M. de Custine. Le roi avoit fait notifier à M. de Ségur que, si les François attaquoient les Pays-Bas autrichiens, il viendroit à leur secours avec toutes ses forces.

L'intérieur de la Cour de Berlin est divisé en deux factions assez puissantes l'une et l'autre pour se contenir mutuellement. L'une est composée des anciens ministres du feu roi, qui s'efforcent de soutenir l'ancien système, c'est le parti de M. Hertzberg; l'autre, à la tête de laquelle se trouvent MM. de Bischofswerder, de Schulenbourg et de Vœlner, s'est emparée de l'esprit du roi et domine par tous les moyens de séduction.

Les affaires de la Pologne sont toujours dans le même état de fluctuation. D'un côté la nouvelle constitution s'affermit et se consolide au-delà de toute espérance, et, si les Polonois étoient laissés à eux-mêmes, ils viendroient à bout de leur entreprise. Mais de l'autre côté les ministres russes, tant à Varsovie qu'à Dresde, continuent à dire hautement qu'ils ne reconnoissent de gouvernement légitime en Pologne que celui qui a été garanti par leur Cour; et, tout en refusant de s'expliquer officiellement sur le fond de la chose, ils se bornent à semer des alarmes et à inquiéter les esprits.

Berlin, 7 mars 1792.

Je vous ai parlé dans plusieurs de mes précédentes du parti qui domine aujourd'hui dans le cabinet de Berlin. Depuis quelques jours on voit clairement que la Cour est disposée à agir vigoureusement contre la France, pour peu que l'Empereur montre d'inclination à prendre un parti extrême.

De tous les grands personnages qui partageoient la confiance de Frédéric le Grand, il n'y a que le prince régnant de Brunswick qui ait conservé son crédit. Ce héros est loin d'approuver le système pacifique de la Prusse. Trop resserré dans ses petits États, aussi avide de gloire que s'il avoit encore sa réputation à faire, et ne pouvant jouer un rôle digne de son nom qu'à la tête d'une armée prussienne, il ne négligera aucune occasion de reparoître sur la scène.

Avant le départ de M. Bischofswerder, il s'étoit tenu un conseil à Potsdam, par rapport au parti que la Prusse doit prendre à l'égard de la France. Le prince de Brunswick y avoit été appelé, et M. de Bischofswerder fut chargé de faire des ouvertures à la cour de Vienne relatives à cet objet. Nous attendons l'issue de sa mission.

M. de Goltz, ministre de Prusse à Paris, a appuyé rigoureusement tous les offices de l'Empereur.

CORRESPONDANCE DE VARSOVIE.

J'en choisis deux lettres, l'une de juillet 1793, l'autre de janvier 1795. Elles racontent la dernière heure de la Pologne. On les a traduites textuellement, pour les rendre accessibles au plus grand nombre de lecteurs; nous verrons plus tard s'il convient de publier, ou le texte et la traduction, ou tous les deux à la fois.

---

23 juillet 1793.

N° 29.

J'annonçais dans ma dernière lettre comment l'ambassadeur de Russie, dans sa première conférence avec la délégation précédemment nommée par les États, déclare qu'il ne pourrait aller plus loin si l'on ne donnait aux députés un pouvoir illimité d'accepter et de signer le traité ci-annexé, et qui fut présenté à ladite députation.

Compte fut rendu à la Diète, par les députés, du discours tenu par l'ambassadeur. Ils communiquèrent le traité et demandèrent une résolution des États, les habilitant à continuer les conférences, mais inutilement. Il se fit un grand tumulte dans la Chambre et on ne conclut à rien, si ce n'est à la prolongation de la Diète pour quinze autres jours.

L'ambassadeur indigné donna suite à la menace déjà faite de remettre une note décisive le 16, dernier délai qu'il fixait pour donner aux députés les pleins pouvoirs pour conférer avec lui, comme aussi pour accepter et signer le traité. Telle est la conclusion de la note, et l'on put voir par là qu'il n'y avait plus moyen de tergiverser (*titubare*), d'autant plus que l'ambassadeur, forcé lui-même par les derniers et pressants ordres reçus de Saint-Pétersbourg, était déjà prêt à effectuer le départ dont il menaçait dans sa note.

Le roi (1) ouvrit la séance par un pathétique discours aux États. Il dit que les choses étaient à l'extrémité, que la violence était portée à son comble; que, quant à sa personne, il aurait su tout sacrifier et même mourir pour la patrie, mais que les familles et les biens de la population émouvaient son cœur; qu'il était encore plus affligé en pensant à ceux de ces paysans, qu'on pouvait appeler les soutiens (*benefattori*) de l'État, et qui n'ayant plus de quoi se soutenir, allaient à une fin misérable; qu'au commencement son sentiment était opposé à souscrire aucun démembrement du pays, qu'il avait dans la Chambre exhorté la Diète de se considérer comme libre et comme pouvant exprimer son propre avis; mais, qu'à cette heure, voyant de toutes parts survenir tant de violences, il ne pouvait rien dire si ce n'est qu'il devait épargner le restant de la Nation, et que, ne pouvant recouvrer les parties envahies, il devait au moins conserver le peu qui lui restait.

Après cette allocution du roi, ceux qui étaient à la tête de la Confédération de Targowitz (2), déclarèrent que leur serment, quant à l'intégrité de la Pologne, devenait nul, ne pouvant être tenu contre la force et la violence, et

---

(1) Stanislas II ou Stanislas-Auguste (1732-1798).
(2) La Confédération de Targovitz ou Targovicz représentait l'opposition à cette Constitution de 1791, par laquelle Stanislas avait essayé d'apporter un remède aux vices constitutifs de l'ancienne constitution polonaise.

que, tel acte de cession que l'on dût faire, il ne serait pas un obstacle à ce que, les circonstances changeant, on pût déclarer qu'il avait été violemment extorqué.

Malgré cela, succédèrent de nombreux débats, si bien que la séance se prolongea jusqu'à minuit. Mais enfin on passa au vote du projet des pleins pouvoirs à donner aux députés pour discuter et signer le traité avec l'ambassadeur : 69 voix pour l'affirmative, 20 seulement pour la négative. Il est encore bon de dire que 40 membres environ de la Diète n'étaient pas présents à la séance, et que 7 des membres présents se sont abstenus. Les vingt qui demeurèrent fermes à voter non, se répandirent en protestations et en invectives contre la Majesté du trône et contre tous ceux de leurs compatriotes qui avaient donné leurs voix pour l'établissement de la constitution réclamée par l'ambassadeur.

On appréhende également que le ministre de Prusse n'ait remis une note de même teneur que celle de l'ambassadeur de Russie, et que, dans la journée du 20 ou dans celle d'hier, elle ne doive être lue à la Diète. Elle aura probablement produit le même résultat, de faire donner à la délégation les pleins pouvoirs pour signer le traité qu'il avait de son côté présenté à la Diète.

---

13 janvier 1795.

Avec beaucoup de peine, on a pu enfin avoir aujourd'hui la traduction française de la déclaration faite et publiée en russe et en polonais, par le prince Repnin, dans la Lithuanie. Par la longueur de ce travail, il est facile de comprendre la dépense qu'il faut nécessairement faire en telles occurrences, d'autant qu'on n'y peut employer une plume commune et vulgaire.

Les nouvelles venues du roi pendant son voyage sont passables, en ce qui touche sa santé; quant à l'état de son esprit, il est pénétré de douleur par cette ruine du pays et de ses habitants qu'il a vue de ses yeux dans tout le cours de son voyage. Quant au traitement qu'elle reçoit personnellement, Sa Majesté elle-même écrit qu'on en use avec toutes les convenances dues à son rang; surtout elle se loue fort des attentions qu'ont pour elle le général Tormanzow et les officiers d'état-major qui l'ont accompagnée ou sont venus à sa rencontre à ses divers séjours. Le roi devait hier gagner Grodno et y aura subitement appris le triste sort de son royaume et de la république de Pologne, dont, comme le disait le post-scriptum de ma dernière lettre, le conseiller de la légation russe, *signor* Diwoff, a annoncé verbalement la fin à tous les ministres étrangers.

A propos de ce conseiller, interrogé par un de ses amis intimes, qui lui demandait pourquoi il n'avait pas fait par écrit cette signification au Corps diplomatique, il a répondu qu'il n'avait pas encore reçu les ordres de la Cour impériale, par ce motif sans doute que toutes les conditions du partage, qu'on avait décidé de faire du pays tout entier, n'étaient pas encore établies entre les cabinets intéressés; mais, qu'étant déjà posé en principe qu'il n'y aurait plus ni royaume, ni république de Pologne, on en donnait un avis verbal aux ministres étrangers afin qu'ils prissent leurs mesures, fissent part à leurs Cours de ce terme donné à leur mission et reçussent à cet égard les instructions nécessaires...

On dit ici généralement que si, à la vérité, le roi est dépouillé de toute juridiction et de toute autorité sur ce malheureux pays, il restera cependant entouré des honneurs et revêtu des prérogatives dus au caractère sacré de la royauté, et que son sort particulier sera meilleur qu'il n'a été pendant les trente années où il a siégé sur un trône continuellement ébranlé par les étrangers, par ses sujets eux-mêmes; qu'en effet non-seulement on payerait ses dettes montant à plus d'un million et demi de sequins, mais qu'on lui assignerait une dotation annuelle assez forte pour vivre le restant de ses jours avec le décorum convenable à sa dignité.

Ces jours passés, le gouverneur russe a fait enlever par ses soldats les armes de Prusse de l'habitation de la C^e prussienne. On ne sait, ni on ne peut encore bien pénétrer son véritable motif.

On avait laissé, du consentement du gouverneur, la garde de la couronne au château royal, sous le commandement du général major Hisch, déjà colonel dudit régiment (?), et à qui Sa Majesté en partant avait confié l'intendance générale du château. Aujourd'hui il fait assavoir par le gouverneur que toute garde polonaise est supprimée, que les soldats russes garderont le château, mais en se conformant aux instructions du roi.

Il est aussi ordonné à tous bourgeois, de toute qualité, de faire la nuit des patrouilles avec les soldats russes, afin de mettre un terme aux vols qui se commettent plus fréquemment à cause de l'extrême misère des habitants. Les bourgeois n'auront pas d'armes, mais seulement des bâtons.

CORRESPONDANCE DE CONSTANTINOPLE.

L'auteur des lettres en italien, datées de Constantinople, signe *Vincenzo Gianni*, ce qui est assurément un pseudonyme, car certaines particularités nous révèlent un Russe, dévoué corps et âme à la politique inaugurée par Pierre le Grand.

Dans cette correspondance nous trouvons, sur le fameux Lambros Katzonis, de fort curieux détails qui pourront compléter ceux que nous a donnés M. Constantin Sathas, dans son ouvrage intitulé la *Grèce sous la domination turque* (Τουρκοκρατουμένη Ἑλλάς). Nous les reproduisons ici, en conservant l'orthographe souvent fautive de l'original.

Lettre du 25 juin 1792.

Il écrit à Kodrikas que, le 1ᵉʳ juin 1792, le nouveau Capitan Pacha a quitté le port de Constantinople avec son escadre pour se diriger vers l'Archipel, et il ajoute :

Non fermossi, come il solito, à Conkapi, ma subito dritto parti per li avizi del Lanbro, che con la sua flotiglia stato nel isola di Idra, bruciatoli un vilaggio detto Castri, e spoliato di tutto quei sudeti Greci, portandoli via trè Chirlanchici carichi di riche mercanzie per la Cristianittà.

Eccovi il vero raguaglio del Lanbro Cassoni. Da più

parte giornalmente ci arivano avisi di questo Lanbro, che lui non solo sia collà corsegiando con 14 vele, ma bensi con 24 di ogni specie. Questa sua flotiglia è tutta armata di bravi Albanesi e Maiotti, chè questa nassione delli antichi Spartanni si sono oniti al Lanbro, avendo il detto con fortini e batterie fortificato quel porto dificile la sua entrata e fatta sua piassa d'arme, per poi condurere colla in salvo le prese che fà e farrà delli Turchi, e in neccesità colla al sicuro rittirarsi.

Il Lanbro poi a qui scritto una lunga lettera al Sig. Ambasator di Francia, ho come un manifesto dichiarando la guerra alla Porta Ottomana, dichiarandosi difensore della antica Greca nassione. Eccovi in curto il suo contenuto che scrive. Primo, si lamenta del generale Sig. Tamara, e di altri comandanti Russi di avere apropriatosi le somme a lui mandate da S. M. I., di non averlo mai socorso no sostenuto, con averlo in fine solo abandonato; ora S. M. I., avendo fatta la pacie con la Porta, ritiratosi il generale Tamara, e lui lassatolo con tutti li suoi conpagni, senza essere lui nominato con tanti bravi Greci Cristiani, venuti sotto la sua parola al servizio di S. M. I. abandonando la Patria, beni, esponendo la loro vita intanti incontri auti con l'inemico, spargendo il loro sangue per gloria de Russi, per essere poi protetti e riconpensati; avere nel ultimo suo combatimento con la flotta Ottomana onita alli Barbareschi con tante dizuguale forse, essersi sostenuto conbatendo per tante ore con danno infinito de Turchi, alfine non ricevendo socorso, atorniato da tutta la flotta Turca, mancatoli la monisione, fù costretto tutto perdere, e fortunatamente con pochi suoi salvatosi, avendoli costato questo armamento tanta di lui somma, ma il suo dispiacere sommo essere, oltre li morti, restati tanti suoi fedeli conpagni prigioniere de barbari, che portati furono incatenati in Costantinopoli, e, contro le regole di guerra, furono tutti inpicati con tanto dizonore; lui dunque ora con suoi conpagni sono onitamente risoluti di volerne prendere la più alta vendetta contro li Turchi.

Aggiunge poi il Lanbro al Sig. Ambasatore di Francia di questi suoi giusti risentimenti contro la Porta, e di avere in ogni ocazione rispetato la bandiera francese e tutte le potenze Cristiane, come sempre farrà.

Li 18 corente il Sig. Incaricato Russo ebbe la sua pubblica udienza dal Visir; fù onorato di una peliccia di samur, due di armelino, due chierechie, e 9 caftanni. L'Incaricato Russo risponde alla Porta per il Lanbro, che fatta è la pacie, che il Lanbro non è al servizio della Sovrana, non ascoltando li ordini de suoi generali di ritirarsi; non avere in mar bianco forse navale per gastigarlo; che la Porta lo prendi, e gastigarlo; ho li permetti che dal mar negro mandi S. M. I. bastimenti per gastigare il ribelle Lanbro Cassoni. Cosi credo abbi risposto l'Incaricato alla Porta.

―――

Lettre du 27 juin 1792.

Venuto in questo porto un bastimento dal mar bianco racontando un fatto già molti giorni al Lanbro Cassoni. Nel porto del Zante arivò da Trieste, carico di mercanzie, un grosso bastimento Russo. Il Lanbro era con la sua flotiglia poco lontano, che restava ancorato in una picola isola detta Ehsachi, vicino Safalonja. Il Lanbro subito spedì un chirlanchic ben armato con 80 persone. Entrarono nel porto del Zante, ed ebero tanto ardire sotto una forteza di Prencipe sovrano, di dire al capitano del Russo vasello, che il comandante di S. M. I., Lanbro Cassoni, lo chiamava con il bastimento alla sua ubidienza, altrimenti per forza l'obligarebbe. Il Cap. prese mezzo termine, avendo d'affari prima in terra e poi verebbe. Andò subito dal comandante del Zante, domandando nel suo porto asistenza contro il Lanbro, chè non lo riconoseva per comandante della S. Sovrana. Si mandò avizare il consolo Russo colla di residenza, che, onito al comandante, ordinarono che il chirlanchic subito partisse, lassando il bastimento in quiete. Ma il chirlanchic non ascoltando, si preparrò à portare il bastimento per forza. Allora il comandante Veneto ordinò à un Veneto scianbecco di solpare e difendere il bastimento ; ma, niente se non fosse, già preparavasi il chirlanchic per acostarsi al bastimento ; una subita canonata li tirarono dalla fortezza, il scianbecco li sparvò una quantittà di tronbonate à mitraglia, che restarono morti 7, e molti feriti; poi in un subito molte feloche armate lo circondarono, e la fortezza pronta di budarlo a fondo. Dunque si avessero, e tutti incatenati furono mandati al general Veneto, in Corfù.

Ora un altro bastimento arivato porta la novittà che il Lanbro Cassoni trovasi con tutta la sua flotiglia in porto de Majotti detto Caija ; ma che di rinpetto quel porto bordegiano oniti due fregate francese con due Veniti scianbechi, ove si argomenta siano per attendere, e gastigare il Lanbro, se sortirrà.

La Porta a ordinato al Patriarca Greco di spedire in Maïna un vescovo, per fare desistere li Majotti dal Lanbro. Altrimenti, oltere che saranno dalla chieza scomunicati, ma severamente gastigati dal Sultano. Il vescovo è già pronto à partire.

Lettre du 10 juillet 1792.

Li 3 corente, dalla Morea arivò un espresso Tartaro alla Porta, con novittà del Lanbro. Ma io vi darrò la relazione,

Lettres de Vincenzo Gianni. 125

chè con listesso Tartaro scrive una lettera un scrivano francese, mandato a Napoli di Romania, soprà carico di caricare tre bastimenti di grano, che già tenpo regalò la Porta al Sig. Eudestan fù qui ministro Suesese. Eccovi, amico, la relazione che scrive : Io con li tre sodetti bastimenti carichi di grano partiti e poco lontani da Napoli di Romania, che dalla fortezza li Turchi tutti vedevano, fossimo incontrati dal Lanbro Cassoni, che con la sua flotiglia avendo bandiera Russa ci chiamò alla sua obidienza, con un tiro di canone, dicendoci volerci vizitare. Li capitani, temendo lacostarsi al Lanbro, non ascoltandolo andavano al loro camino; li risposero solo essere loro Francesi, espondendo la bandiera nassionale ; e, nel istesso tenpo, tutti oniti si prepararono a difendersi, se fossero forzati dal Lanbro. Il Lanbro ciò osservando, avendo bastimenti più legeri subito arivoci, e ci atorniò cominciandoci à canonare da tutte le parti, che da nuoi li fu risposto, ma al improviso chiapossi il fuoco ne due nostri bastimenti senza poder lo smorciare, à picco andarono con tutto il carico. Io, per fortuna, con parte del equipaggio, nattando ci salvassimo alla vicina spiaggia, e il terzo bastimento fu preso dal Lanbro con tutto il carico.

Ancora da Smirne quelli negosianti scrivono listesso ; solo con una altra novità, che il Cap. Bassà, onitosi à tre fregate francese, con la sua squadra sono andati verso la Morea in cerca del Lanbro; ma in camino, il Cap. Bassà avendo riceuto avizo che, nelle ague di Idra trovavasi un chirlanchic del Lanbro, comandato dal capitano Karrà-Cacciani, mandò subito tre chirlanchicci che incontrarono il Karrà-Cacciani, ove sostenne per più ore un ferocie conbatimento ; ma al fine da forze superiori, e con molti morti e feriti del suo equipaggio, molto danegiato, e lui ferito, fù preso da Turchi il chirlanchic con il capitano e 18 omeni, che incatenati portarono al Cap. Bassà.

Li 6 corrente arivò in questo porto un chirlanchic spedito dal Cap. Bassà, inviando il suo Tufecher-Bassi, che presentossi al Visir, dandoli la novittà della tottale sconfitta del Lanbro Cassoni. Il Visir li regallò una pelicia di sobro, e poi il sultano 2,500 piastre di pensione. Eccoli apresapoco il raporto del Cap. Bassà :

Li 17 scorso, il Cap. Bassà con la sua squadra arivò di rinpetto il porto Cajia, ove dentro ancorato eravi il Lanbro con la sua flotiglia. Aveva linbocatura del porto fortificata con batterie. Subito il Capitan Bassà mettendo in linia li grossi legni a tiro di canone verso le batterie, che comiució à bersliarle, e doppo più ore li riossi scavalcarle scanpando li difensori. Cosi levato questa difesa, li picoli legni con le fregate entrarono in porto, benchè da più torre e monasteri con canotate cercavano linpedire. Il Cap. Bassà, avendo fatto anche un disbarco de galiongi, che si inposesarono delle batterie nemiche, che furono subito rivoltate contro la flotiglia del Lanbro, che in porto faceva un fuoco continuo contro li Ottomani legni; ma aprosimatosi le nave, continuando il fuoco li difensori, e da Turchi con gran coraggio frà le canonate tutti entrarono in porto. Il Lanbro, vedendosi soprafatto da tante forze à lui superiori, prese il partito di salvarsi con tutti li suoi scanpando alle montagnie. Cossi, li 19, il Cap. Bassà vittorioso prese 12 legni del Lanbro, con 3 ofisiali e 80 omeni prigionieri, liberando anche il bastimento francese, carico di grano preso vicino Napoli di Romania. Il Cap. Bassà messe in aresto 40 primati Maiotti, e, se la loro nassione non andassero subito alle montagnie portandoli in 4 giorni vivo ho morto il Lanbro, li farebbe tutti inpicare. Si sà perrò qui da tutti che il Cap. Bassà è obligato di questa vitoria alle tre fregate francese, che furono le prime entrare in porto, rovinando tutte le difese, che incoragirono li Turchi a seguitarle entrando in porto.

Lettres de Vincenzo Gianni.

Lettre du 30 septembre 1792.

Mercordi sera 26 corente entrò in questo porto il Cap. Bassà con tutta la flotta Ottomana, portando la presa flotiglia del Lanbro Cassoni. Il giorno doppo, 27, alle ore sei di matina alla francese, videsi, inpicati alli bastimenti del Cassoni sette persone del Lanbro, uno il Carrà-Caciani, capitano del primo preso chirlanchic, un secondo ofisiale e cinque altri. Ecco come fù il fatto. Li 22 di bon matino, il Cap. Bassà fecie chiamare in sua prezenza questi disfortunati, domandoli per lultima volta chi loro erano. Risposeli il Carrà-Caciani, essere ofisiali Russi al servizio di sua M. I. Li disse il Bassà : « Se voi siete Russo ofisiale, e tutto quello che avete fatto dopo la pacie, l'avete fatto per ordini della corte di Russia ? » Risposeli di nò, e avere mancato alli ordini, e tutto mal fatto. Il Bassà li disse : « Dunque voi altri siete tutti ladri di mare, e meritate essere severamente gastigati. » Rispose il Caciani che il Bassà aveva ragione, ma che lo suplicavano, essendo in servizio Russo, di consegniarli al loro Incaricato di S. M. I. che trovasi in Costantinopoli ; e che lui li farebbe gastigare secondo li loro demeriti. Il Bassà, che già aveva stabilito la loro morte, li ingaṅò dicendoli : « Benissimo, andate à prepararvi, che vi manderò al vostro Incaricato. » Ma il Bassà ciò li promesse, acciò si vetissero e metesero la loro montura ; perchè in quel abito voleva inpicarli, facendoli vedere al pubblico. Onde il Carrà-Caciani con suoi conpagni contento, andarono per ganbiarsi, e si messero due loniforma verde con le spalette, essendovi il rispetabile nome di Caterina. Ritornati dal Cap. Bassà, che cossi vedendoli disse à suoi offisiali : « Portateli al Sig. Incaricato. » Montati subito in un batello, con li Turchi ofisiali, e pasando espresamente sotto la prora delli bastimenti del Lanbro, li Turchi preparati li messero la corda al collo, e sotto la bandiera esposta alla roversa furono inpicati. Il Carrà-Cacciani altro non pode fare, che abbracciò la bandiera e spirrò. Questa bandiera alli bastimenti non era Russa, perchè già il signor Incaricato ne aveva domandato alla Porta; ma il Cap. Bassà fatte fare espresamente à Metelino; era tutta turchina, e in mezzo una crocie bianca. Il popolaccio non conoscendo la credano Russa. Un infinittà di popolo subito corse à vedere questo spetacolo, e intanto la flotta gloriavasi con gran tiri di canonate.

Il qui sig. Incaricato Russo, subitò di ciò avizato, vedendo fatto un si grande dizonore in pubblico, inpicando persone con abito da ofisiale della sua Sovrana, che per tutto deve essere rispetata, e deve essere conosuta anche dal più picolo fanciullo Ottomano, mandò subito alla Porta, facendone fare forti lamenti al Reiz Effendi. Li fù risposto non essere ciò stato per ordine della Porta, ma sarrà stato un fallo del Boia, facendo fare molte scuze al sig. Incaricato, che si metesse in quiete, che subito ne ricercherebbe il fallo dà dove cio è pervenuto, e ne averebbe sodisfazione. Il sig. Incaricato in tutte le collere subito in scritti fecie prezentare una sua memoria al Reiz Effendi ministrialmente, che in camera à parole non prendeva sodisfazioni, che questa fatta barbara ezecuzione lui non entrava nella morte à quelli infelici data, avendosi già ben spiegato nella già ultima conferenza, che la sua corte non riconosceva, ne dava prottezione per Russi al Lanbro e suoi seguaci, ne voleva entrare in nesuna dispota, come intenderebbe la sua Corte di nueve inpicate persone publicamente, benssi voleva sapere come poduto farlo con abito da ofisiale di S. M. Imperiale, benssi ametteva vero fatto da Boia. Essendo questo un affare troppo geloso e delicato, faceva sapere alla Porta, che lui, domenica 30 setenbre, spedirrà un coriere straordinario alla sua Corte, informandola di questo fatto. Onde domandava sopra ciò inscritti dalla Porta una risposta per spedirla tale e quale alla sua Sovrana. Ora dirovi come persone diverse qui parlano di questo affare. Primo, vogliano che un partito di questi primati, prevedendo la potenza del Cap. Bassà, e possi anche divenire Gran Visir, anno dunque procurato sia promesso al Cap. Bassà di fare inpicare li sodetti con la montura Russa; e il giovane orgoglioso Bassà, non veduto le conseguenze, e lo fecie per farsi stimare dal popolo, amatore di questi spetacoli, in specie il vedere pubblicamente li Russi acerbi loro nemici. In fatto il Bassà dal popolo viene decantato per tutto. Cosi il partito al Bassà contrario, prevedendo che la Corte di Russia dimandarebbe risarcimento alla Porta, allora facendo cadere tutto cauza il Cap. Bassà, ne sperano la sua depozisione.

Ma io penso tutto al contrario, e dico che già da tenpo questo era stabilito dal consiglio di fare; e, con il permesso del Sultano, sono dati ordini al Cap. Bassà di cossi fare, non essendo senzo spirito di lassarsi cosi burlare. Ansi sono sicuro che diversi prudenti primati di questo governo in segreto biazimano questo fatto, e già la Porta istessa, pentita di averlo fatto fare, conosendo subito il fallo alli primi lamenti del sig. Incaricato, che subito ordinò che fossero levati quelli abiti alli inpicati, ma tardi perchè, come dissi, il sig. Incaricato prezentò la memoria alla Porta, dimostrando grandissimo risentimento, e prevedendo dovere dare grandissima sodisfazione.

Infatti qui da tutti prevedono grandissime conseguenze arivaranno, pensando che doppo una recente pacie di pochi mesi pasati, si onorevole acordata alla Porta Ottomana con tanta generosittà da sua M. I., e cossi presto da la Porta si mal ricontraganbiata, primo con la depozisione del Metropolita di Moldavia, cossi male eseguita da quel prencipe con si cativa maniera, non pensando a si gran potenza vitoriosa che lo fecie (S. Altezza Michele non avrebbe cosi fatto). Secondo, non restare alli sagrosanti trattati, *etc*.

*(Extrait d'une lettre de Constantinople du
10 mars 1795.)*

—

L'entrée de M. Descorches dans le ci-devant hôtel de France continue à donner lieu à toute sorte de spéculations, et l'opinion est générale qu'il veut et qu'il a l'espoir de déployer le caractère d'ambassadeur de la République française, dont l'existence, dit-il, est reconnue par ses propres ennemis. Le ministère ottoman, attentif à ce qui se passe, ne semble pas vouloir être le dernier à reconnaître la nouvelle République, et c'est sur cela que M. Descorches compte beaucoup et se flatte de présenter ses lettres de créance après le Ramazan. En attendant, il a quitté successivement toutes les manières et les apparences d'un Jacobin zélé, comme il était auparavant; il a adopté les allures d'un ambassadeur d'une grande puissance qui veut se faire respecter; il a changé tout le système de sa maison, qui auparavant ne ressemblait pas mal au plus vilain cabaret, où on entrait sans s'annoncer, aux heures qu'on le voulait, habillé à la jacobine, c'est-à-dire crotté et malpropre depuis la tête jusqu'aux pieds; où il n'y avait pas même une apparente décence et civilité, et maître et valets étaient parfaitement confondus.

Maintenant il y a une distribution de chambres, d'heures, d'offices, et tout va reprendre la physionomie d'une légation imposante. Ce qui inquiète pourtant M. Descorches, c'est la prochaine arrivée de son successeur Verninac, qui a dû s'embarquer à Venise, aborder en Dalmatie, et qui actuellement ne saurait être fort éloigné de la capitale. On prétend savoir qu'il est parvenu, à force de présents, à intéresser en sa faveur le ministre de la Porte auprès de la Convention nationale en lui représentant qu'il s'était rendu agréable à la Sublime-Porte par sa conduite, et qu'il était en état, exclusivement de tout autre, de conduire les affaires aux souhaits des deux puissances. Telle est aujourd'hui la position des affaires qui regardent l'ouverture probable d'une légation française à Constantinople.

M. Descorches a donné à l'invasion de la Hollande le point de vue le plus singulier, et, d'après ses expressions, on doit regarder comme prochaine la conquête de toute l'Allemagne. Il fait monter à cent mille hommes les forces de terre que les Provinces-Unies pourront fournir à la France, à quarante-cinq les vaisseaux de ligne, à vingt les frégates, et il a fait sentir que la France aurait désormais de quoi former aisément une flotte de vingt vaisseaux de ligne pour l'envoyer dans la mer Noire. Tous ces discours ont fait quelque impression sur l'esprit de la Porte. En conséquence elle a donné des ordres pour accélérer les travaux dans l'arsenal et dans les places frontières.

www.ingramcontent.com/pod-product-compliance
Lightning Source LLC
Chambersburg PA
CBHW060202100426
42744CB00007B/1136